Gizèle Anne Lespérance

Libérer les mémoires du passé

I0022730

Gizèle Anne Lespérance

Libérer les mémoires du passé

Prévention de la maladie d'Alzheimer

Éditions Vie

Impressum / Mentions légales
Bibliografische Information der Deutschen Nationalbibliothek: Die Deutsche Nationalbibliothek verzeichnet diese Publikation in der Deutschen Nationalbibliografie; detaillierte bibliografische Daten sind im Internet über http://dnb.d-nb.de abrufbar.
Alle in diesem Buch genannten Marken und Produktnamen unterliegen warenzeichen-, marken- oder patentrechtlichem Schutz bzw. sind Warenzeichen oder eingetragene Warenzeichen der jeweiligen Inhaber. Die Wiedergabe von Marken, Produktnamen, Gebrauchsnamen, Handelsnamen, Warenbezeichnungen u.s.w. in diesem Werk berechtigt auch ohne besondere Kennzeichnung nicht zu der Annahme, dass solche Namen im Sinne der Warenzeichen- und Markenschutzgesetzgebung als frei zu betrachten wären und daher von jedermann benutzt werden dürften.

Information bibliographique publiée par la Deutsche Nationalbibliothek: La Deutsche Nationalbibliothek inscrit cette publication à la Deutsche Nationalbibliografie; des données bibliographiques détaillées sont disponibles sur internet à l'adresse http://dnb.d-nb.de.
Toutes marques et noms de produits mentionnés dans ce livre demeurent sous la protection des marques, des marques déposées et des brevets, et sont des marques ou des marques déposées de leurs détenteurs respectifs. L'utilisation des marques, noms de produits, noms communs, noms commerciaux, descriptions de produits, etc, même sans qu'ils soient mentionnés de façon particulière dans ce livre ne signifie en aucune façon que ces noms peuvent être utilisés sans restriction à l'égard de la législation pour la protection des marques et des marques déposées et pourraient donc être utilisés par quiconque.

Coverbild / Photo de couverture: www.ingimage.com

Verlag / Editeur:
Éditions universitaires européennes
ist ein Imprint der / est une marque déposée de
OmniScriptum GmbH & Co. KG
Heinrich-Böcking-Str. 6-8, 66121 Saarbrücken, Deutschland / Allemagne
Email: info@editions-ue.com

Herstellung: siehe letzte Seite /
Impression: voir la dernière page
ISBN: 978-3-639-64781-5

Copyright / Droit d'auteur © 2014 OmniScriptum GmbH & Co. KG
Alle Rechte vorbehalten. / Tous droits réservés. Saarbrücken 2014

Libérer les mémoires du passé

Prévention de la maladie d'Alzheimer

Gizèle Anne Lespérance

Naturopathe, Herboriste, Auteure

http://www.jardin-de-guerison.com

Tables des Matières

Les conseils et les réflexions suggérés dans ce livre sont à titre de suggestions et d'exemples.

Si vous avez un problème sérieux de santé ou de mémoire, consultez votre médecin ! À chacun incombe la responsabilité d'utiliser ces informations et recommandations selon ses besoins.

Chaque humain possède ses souvenirs dans une perspective du passé comme du futur. L'esprit administre ses multiples besoins comme un sculpteur qui manie avec soin un ciseau en imaginant une figure dans un morceau de bois ou de marbre.

Chaque jour, des sentiments négatifs comme la mélancolie, la peur, les soucis, la douleur sont créés autour de vous sans discernement adéquat. Vous n'êtes pas obligés d'assumer leurs conséquences ! Voyez la beauté autour de vous, les sourires, les cris joyeux des enfants, la patience dans les attentes et le temps merveilleux du matin… Peu importe, qu'il neige, vente ou pleuve, la vie est merveilleuse car vous avez la possibilité de la vivre…

- La **maladie d'Alzheimer** est-elle la conséquence d'un ensemble de facteurs génétiques, émotionnels ou alimentaires ?

« Chaque individu est un génie, mais si vous jugez un poisson pour sa capacité à grimper à un arbre, il passera toute sa vie à croire qu'il est stupide. »
Albert Einstein

Avant-propos

Je vous transmets un amalgame d'idées qui se croissent et se décroissent pour éveiller une réflexion aux répercussions émotionnelles de chacun. Après l'édition de mon premier livre, « **La Guérison des mémoires** », plusieurs personnes m'ont demandé des conseils. Le titre a suscité bien des questions concernant les mystères de la mémoire.

Le Tao est une source d'inspiration pour moi depuis plusieurs années.Cet enseignement porte en lui la globalité de toutes chose. Le Tao représente un chemin, une doctrine traitée dans la Chine ancienne surnommée aujourd'hui le Taoïsme.

Il est une voie de mystères et d'études qui détermine les lois régissant les cycles de la nature. Le Taoïsme est à la fois une religion et une philosophie de vie. Toute personne est liée au cosmos par les éléments de la nature et réagit selon son tempérament ou sa personnalité aux évènements de la vie. Tous les domaines sociaux et personnels sont influencés par ses principes comme une grande famille indissociable.

L'objectif de ce livre concerne la compréhension du lien entre le cerveau, les pensées, les mémoires et la santé sous tous ses aspects.Chaque humain porte sa flamme olympique vers une destination planifiée et organisée. La crainte de la maladie d'Alzheimer sensibilise les populations à un retour aux coutumes ancestrales. La vie moderne, ses technologies et sa grande avancée scientifique déterminent la créativité secrète de chacun.

Qui es-tu « mémoire » pour te permettre d'être claire ou embrouillée?
Où te caches-tu ? Le cerveau est un espace inconnu parsemé de cascades et de frontières où se dissimulent une multitude de fonctions.

Pourquoi le cerveau se laisse-t-il glisser vers l'oubli ou celui d'un déficit d'attention ? Comment traduire une emprise psychologique à la dérive d'un monde moderne au présent ?

Les traumatismes du passé se déposent dans le champ énergétique du cœur. Si vous guérissez les chocs anciens accumulés dans la " mémoire " du cœur ou de l'élément Feu, le stress disparaîtra de votre vie. Vous êtes là, jeune, plein de promesse et de projets, alors…

La vie se déroule comme une pièce de théâtre sans fin. La mémoire façonne les expériences comme un ressac qui roule au fond de l'inconscient. Comment éviter que cette force plonge un jour, vers le néant de l'Alzheimer apportant tous les souvenirs récents et anciens ? *Chaque personne crée sa propre réalité ! Le pouvoir vous appartient !*

Cette approche suscite la vérification de ses objectifs et l'acceptation de ses limites.

En 1930, le docteur Bach révolutionna la médecine avec ses élixirs foraux et leur correspondance émotionnelle. Ces remèdes de la nature s'adressent aux mémoires qui voilent l'harmonie intérieure. Un stress prolongé modifie le cerveau. Il devient plus vulnérable à la dépression et à l'anxiété. Les recherches démontrent que la fusion entre la mémoire et les émotions ont un impact sur sa programmation.

Quand une tempête émotionnelle est trop forte, l'esprit a besoin de calmer son agitation intérieure. Les remèdes du docteur Bach procurent un équilibre harmonieux et un sentiment de mieux-être. Au fur et à mesure de la libération des mémoires émotionnelles, le potentiel de création se déploie.

> *« L'homme devrait mettre autant d'ardeur à simplifier sa vie qu'il en place à la compliquer ».*
> *Henri Bergeron*

Introduction

L'humain porte en lui des chagrins et des déceptions qui s'extériorisent sous formes de réactions émotionnelles. Certains évènements de l'enfance marque la mémoire, et lors d'une situation similaire, une réaction émotionnelle imprévue se déclenche.

Imaginons la mémoire comme un programme dissimulé dans le cerveau !
Ce programme enregistre toutes les fonctions intellectuelles de l'apprentissage humain.
Le **cerveau** renferme des milliards de logiciels performants, c'est à dire un réseau très sophistiqué, qu'aucun homme n'a réussi à reconstruire d'une façon concrète.

- Chaque donnée émotionnelle depuis la fécondation est enregistrée sur un canevas indéchiffrable. Elle se relie à l'ADN des cellules qui contient les codes rédigés des mémoires lointaines de nos ancêtres. Pas de délivrance possible, la mémoire est prisonnière des douleurs, des joies comme des remords.

L'ordre des choses est immuable, la marche du temps avance pas à pas...
Souvent vous marquez des points en exprimant vos connaissances et vos apprentissages pour émouvoir ou meubler le temps. Ces anecdotes ou ces souvenirs évoquent au cerveau un lien avec le passé. Une stratégie d'équilibre au présent...

Les fantômes archivés dans les mémoires émergent de l'esprit lors de conflit en un tourbillon de désordre. La globalité du Tao procure alors des recettes de transformation par le discernement des schémas de pensées qui dénouent l'impasse physique ou psychologique du moment.

Libérer les mémoires du passé, donne accès à l'imagination et à la créativité !

Où est le bonheur ? Vous avez déjà tout ce qu'il faut pour être heureux. Mais ce tout est enfoui sous l'illusion de nouvelles acquisitions, de la peur de perdre ou d'un refus d'acceptation de l'imprévisible.

Vous n'avez pas besoin de modifier quoi que ce soit dans votre vie pour trouver le bonheur. Il s'agit seulement de simplifier ce qui est compliqué…Laisser dans le placard les fantasmes qui vous obligent à toujours désirer quelque chose de nouveau.

Le bonheur possède une clé cachée à l'intérieur de nous. Il se fabrique de sourire, d'acceptation et d'observations. Les évènements et les personnes maussades ne peuvent nous le prendre car il est composé de la magie des mémoires heureuses semi-conscientes.

La médecine parle de neurotransmetteurs, de molécules, de cellules nerveuses et de conduits nerveux qui composent le réseau électrique du cerveau. Peut-elle expliquer la vision d'une personne inquiète qui a perdu ses repères à la suite d'une séparation ou d'un traumatisme?

Registres du cerveau

« Un jour, un petit garçon de six ans observe le reflet de son visage dans le calme glacé d'une étendue d'eau. Des centaines de « pourquoi » viennent à son esprit ? »

Ses parents trop occupés à leurs professions respectives, ont peu de temps à consacrer aux multiples questions de leur fils. Éloi, enfant unique ressent en lui le doute et l'abandon sans les identifier concrètement avec des mots…

Lentement au fil des jours, son cerveau enregistre ses déceptions et ses perceptions…

- Comment attirer l'attention de ses parents ?
- Comment les convaincre de son amour et de ses besoins ?
- Comment établir ses espoirs, ses défenses et ses pouvoirs ?
- Quelles peurs présentes en lui, auront une répercussion sur son comportement futur ?
- Quel type de défense développera Éloi pour chercher à se faire apprécier ?

La plupart des symboles, des agissements et des attitudes parviennent de l'enfance. Le cerveau inscrit ses données émotionnelles dans un registre inconscient. Chaque expérience est notée sur un grand tableau invisible, mais réel au niveau rationnel.

Alors, comment bâtir les espoirs futurs, les défenses et l'éducation émotive d'Éloi ?

En grandissant, des images émergent de son esprit et identifient un processus mental déjà conçu. Personne ne peut modifier son passé, car ce dernier représente un temps de recul ou de rétrospective pour améliorer son présent. Chaque fois qu'il accède à une mémoire où une souffrance émotionnelle affective le déstabilise, son attitude sera la meilleure analyse pour décoder cette leçon éducative.

Quelles sont les promesses d'avenir quand le présent se confond en une multitude de rêves ou de passion éteintes ?

Éloi possède en lui toutes les possibilités d'une vie d'amour, de vérité, de sagesse et d'identité. Un sentiment d'appartenance relie ses aptitudes à son entourage et à sa volonté d'entreprendre un processus d'individuation créative. Développer l'aptitude de se concentrer sur le présent, l'aidera à passer du doute à l'optimiste envers ses objectifs.

Des pensées et des projets trop rigides pourront induire des résistances, ce qui provoquera des heurts avec son entourage. Le cerveau est un ordinateur... L'observation de ses attitudes est la meilleure astuce pour Éloi de réussir à démystifier ses arguments de défense lors d'un événement qui suscitera une réaction affective en lui.

Interrogations à résoudre chacun pour soi ?

Quelle est la mémoire d'une angoisse subite lors d'une circonstance précise ?
Pourquoi tant de sensibilité lors d'une parole frustrante?
Où est l'origine des doutes et des déceptions répétitives ?
Où est la source d'une culpabilité?
Quelle est la cause d'une rigidité et de l'impatience ?

Toutes ses controverses apportent réflexions en dénouant le voile des émotions dans la communauté pathologique des maladies. Des scientifiques Finlandais ont découvert que l'organisation de la matière (champignons, bactéries, virus) est directement liés aux perceptions et aux émotions dans l'organisme ce qui entraine les maladies. Ils ont cartographié des cartes qui révèlent une activation immunitaire dans des parties spécifiques du corps selon l'émotion concernée.

Le système immunitaire expose sa réponse physiologique aux manifestations de la pensée en créant une réalité physique en désordre. Ainsi, la souffrance s'accompagne d'une confrontation avec soi-même qui révèle le pourquoi d'un désaccord quand la personne veut bien le reconnaître.

Pourquoi choisir l'oublie comme solution à un traumatisme d'abandon ou de culpabilité ?

Ne demeurez pas dans le passé, ne rêvez pas au futur, concentrez votre esprit sur le présent. Vous avez mieux à faire que de vous inquiéter de l'avenir ! Préparer le futur répare les erreurs du passé, car ce dernier n'est qu'une projection pour grandir et devenir ce que vous aspirez...

- La maladie surnommée **l'Alzheimer** cache dans sa logistique la crainte de vieillir en oubliant ses souvenirs. Une lumière qui s'éteint peu à peu, apporte dans la pénombre les souvenirs d'une vie humaine.

Ce bouleversement concerne les mémoires d'un passé lointain ou actuel... La seule issue en prévention comporte un pas vers le retour à une médecine d'unité globale... Celle qui ne dissocie pas le mental du physique selon les principes du Taoïsme.

Au moment où une fleur s'échappe d'un jardin pour se reproduire au bord d'un chemin, elle introduit la liberté dans ses gènes et devient indigène. Comment l'humain peut-il devenir libre de lui-même, de sa créativité et de ses capacités en oubliant ses connaissances ?

La mémoire et l'intelligence enregistrent les deux lumières altruistes d'une personne. Elles brillent comme le reflet d'un phare au sommet d'un roc ou suspendu entre ciel et terre d'une ile perdue au milieu d'un fleuve intrépide.
Les mémoires du temps avec ses souffrances et ses désespoirs sombrent dans l'oubli, lieu où le présent comble l'équilibre précaire d'une situation X. Un conflit familial, social, amoureux ou autres provoque une frustration dans les pensées et déclenche des malaises physiques...Que faire ?

Vous pouvez annuler cette mémoire en pratiquant la méthode Hawaïenne de thérapie familiale surnommée « Ho'oponopono ».

Si le problème concerne une personne de votre famille ou de votre entourage et provoque un sentiment d'inquiétude ou d'amertume en vous, ce lien vous unit...

Selon cette théorie, une méditation active de quelques mots réconciliateurs efface la dualité des mémoires respectives...

Exemple de parole : « Je suis désolé, je m'excuse, je vous aime de tout mon cœur » Cette phrase résonne au niveau de votre subconscient. Elle libère certains problèmes psychologiques et permet une reprogrammation positive de l'esprit.

Ces paroles suscitent l'effacement des mémoires communes. La guérison des traumatismes de la guerre, de la violence, du terrorisme ou de la colère relève de chaque personne consciente d'un travail à effectuer sur soi.

Chaque humain est une encyclopédie où toutes les mémoires du temps sont inscrites. De ce fait, vous partagez avec tout le monde sur cette planète une résonance de responsabilités envers le bonheur et l'abondance de chacun.

La discrimination ravage les sociétés multiculturelles depuis des siècles en restreignant les opportunités de communication et de créativité.

Quelle sera la stratégie sociale pour surmonter les différences culturelles tout en respectant les structures éducatives de chaque pays ?

- La maladie d'Alzheimer cache un traumatisme secret et silencieux... Non partagé et non verbalisé, ce traumatisme produit des courts circuits dans la sphère des logiciels émotionnels du cerveau...

Selon le médecin allemand Alois Alzheimer en 1906, la maladie d'Alzheimer est une dégénérescence incurable du cerveau. L'autopsie de plusieurs personnes lui révéla la présence de dépôt d'une substance étrangère extérieure aux cellules nerveuses qu'il nomma « amyloïde » ou plaques séniles. Plusieurs années plus tard, d'autres scientifiques confirmèrent cette observation.

Cette maladie affecte la mémoire en se manifestant par des omissions importantes qui augmentent avec les années selon la personnalité du malade. La cause profonde selon les recherches scientifiques concerne des facteurs environnementaux, génétiques ou une intoxication aux métaux lourds.

Un diagnostic d'Alzheimer repose sur un questionnaire affilié à différents tests neurologiques et psychologiques. L'observation comportementale d'une personne atteinte de troubles cognitifs est évaluée selon la personnalité, l'âge, le milieu social, l'ambiance familiale ou d'un processus dégénératif des facultés intellectuelles.

Plusieurs autres causes attirent l'attention

- La malnutrition avec ses déficiences ioniques et vitaminiques nécessaires au bon fonctionnement des échanges cellulaires nerveux.
- Les médicaments chimiques qui introduisent dans l'organisme des molécules étrangères toxiques.

- Les empreintes émotionnelles réactives d'un traumatisme ancien.
- La pollution atmosphérique des maisons et de l'environnement.
- Le manque de lumière ou un travail de nuit qui perturbe le cycle circadien du sommeil.

Par exemples, les matières plastiques, les produits d'entretien, de maquillage, les vernis à ongles, les textiles, les matériaux de construction, les appareils électroniques et toutes les drogues sans ordonnance risquent d'affecter les circuits électriques du cerveau.

Les mixtures chimiques de synthèse sont peut-être essentielles pour certains cas problématiques de santé, cependant on oublie les effets secondaires à long terme qui affecte les sens cognitifs de l'humain. Les scientifiques ont identifiés des molécules actives dans les plantes à partir du 19ᵉ siècle. En isolant et en reproduisant ces dernières, plusieurs substances performantes synthétiques, sont apparues sur le marché pharmaceutique dont les effets rapides donnent l'apparence d'une guérison à long terme.

De ce fait, l'organisme enregistre la demi vie des molécules chimiques et fabrique des poubelles corporelles pour se débarrasser du **trop plein de ses déchets.**

- Toute la gamme des tranquillisants, des antidépresseurs, des somnifères, des anticoagulants, des anti-inflammatoires et autres drogues pour l'hypertension et troubles cardiaques apparus au début du vingtième siècle sont-ils vraiment nécessaires à long terme ?
- Les vaccins ou médicaments donnés à une femme enceinte risquent-ils de développer des malformations cardiaques ou des retards de développement mentaux ou physiques chez le fœtus ?

- Est-il normal de trouver dans certaines contrées du globe autant de malformations à la naissance?

- La générosité médicale ou de bénévolats cache-t-elle un autre visage de recherche ou d'expériences génétiques humaines afin de trouver de nouvelles molécules chimiques destinées au pays pauvres ?

- L'éveil de réactions métaboliques cause souvent des surprises organiques imprévisibles plusieurs années plus tard. Votre vie quotidienne est-elle parsemée de formules ou d'habitudes plus ou moins nocives pour votre santé ?

- La nature congénitale de l'homme moderne est-elle incapable d'assumer une progéniture normale avec une croissance équilibrée ?

- La chirurgie du cerveau comble-t-elle l'espoir d'un retour à un état normal ?

- La **maladie d'Alzheimer** est-elle la conséquence des attitudes ou des habitudes acquises au fil des évènements ?

Suivant les trouvailles archéologiques et les écrits de nos ancêtres, les civilisations anciennes vivaient selon les cycles de la nature et de ses ressources. La nourriture était cultivée avec respect et chaque geste hérité d'un ancien suivait des rythmes précis en lien avec l'univers et l'énergie de la terre.

Aucune civilisation n'est parfaite, chacune a combattue sa survie selon les principes de son époque en espérant la vie éternelle et le repos de l'âme de ses habitants dans une dimension spirituelle. La technologie moderne engendre une multitude d'informations dans un temps trop court pour l'esprit humain car il ne peut saisir adéquatement toute l'importance de ses différents aspects.

- Les émotions libèrent une énergie cristallisée qui se mobilise autour des cellules, entrainant une fragilité dans la conductibilité des ions nécessaires à

14

leurs échanges biologiques. Les virus et les microbes s'infiltrent facilement sur ce terrain, se développent et déstabilisent l'homéostasie organique.

L'homéostasie est une sorte de dynamique interne qui régit l'intégrité des paramètres biologiques du corps, peu importe les variations des conditions extérieures à celui-ci. De ce fait, l'homéostasie permet de maintenir les données des paramètres biologiques vitaux en équilibre.

Une maladie se soigne de l'intérieur vers l'extérieur, en découvrant le vrai problème. Se libérer des tabous, des croyances, des valeurs sociales et familiales enseigne la possibilité de découvrir un autre aspect de soi sans être obligé de se camoufler dans l'oubli de ses regrets.

Les émotions impriment une charge électrique dans le cristal liquide du corps, créant un changement dans le potentiel « bioélectrique » des fluides des deux côtés de la membrane cellulaire. Ainsi, le cerveau équilibre ses données en maintenant un « PH » organique entre l'acide et l'alcalin, d'après les formes pensées et les émotions qu'il reçoit.

Le pH du sang, des urines et de la salive sont des indicateurs d'équilibre qui signalent la vigueur de la santé ou le risque d'une maladie. Si une situation émotive se présente, un changement dans les paramètres physiologiques peut se produire.

La volonté est la force vitale, le chi ou le prana qui procure la plénitude à toutes les manifestations physiques et psychologiques de l'humain. Cet équilibre relie toutes les composantes physiques, mentales et émotionnelles en une grande roue fabriquée de multiples rouages.

« *Un proverbe chinois dit qu'un voyage de plusieurs kilomètres commence par un pas dans la bonne direction* ». La santé exprime ce voyage, ces adaptations et les caprices du mental à effectuer des détours inutiles.

Le Taoïsme diffuse une énergie d'épanouissement avec la réalisation de nos aptitudes individuelles. Cette philosophie s'applique au rythme de chacun et déploie une globalité intellectuelle, spirituelle et physique dont le but est l'harmonie.

L'organisation de notre vie d'une manière plus simple consiste à se libérer des activités superflues et des obligations sans attrait. Le Tao enseigne que l'analyse des sentiments et des pensées augmente la force vitale de l'organisme en contribuant à la réalisation de nos rêves.

La direction des pensées fournit le résultat escompté comme une preuve à l'appui ! La maladie et la douleur peuvent disparaître sous l'influence d'un désir amoureux ou d'une grande joie. La suprématie de l'esprit accorde la force créative à toutes les réalisations en propulsant l'énergie nécessaire à son auteur.

Le plus grand adversaire est la peur. Elle anéantit toutes les ambitions en diminuant l'énergie vitale de l'organisme. Les peurs sont des inventions de l'imaginaire, sans existence concrète accompagnées du pouvoir qu'on leur donne. Le courage, la confiance, la persévérance et l'endurance sont des cadeaux offerts à l'esprit qui oublie la crainte de ne pas être à la hauteur.

Un ennemi anonyme est celui de la luminosité des villes, des écrans de télévision et des ordinateurs qui reflètent des rayons empêchant le cerveau de produire de la mélatonine, hormone essentielle au repos de l'esprit.

- Le manque de mélatonine affecte le sommeil apportant une fragilité immunitaire et une prédisposition au stress.

Cycle évolutif de l'humain

À deux ans, confronté au divorce de ses parents, Marcel doit apprendre à vivre avec la dualité, les controverses, les malentendus et la culpabilité de l'un ou de l'autre de ses géniteurs.

Marcel intègre un premier développement personnel au niveau de la pensée.
C'est la phase du « non » et du « je ». Un début d'affirmation se met en place pour lui, tout en observant le comportement des adultes. Cette phase annonce sa première indépendance, son identité en tant que personne unique à respecter.

Quelles sont les questions qui se bousculent dans sa tête quand la séparation de ses repères affectifs s'effondre ?

Tout au long de son enfance, Marcel doit développer la cohérence malgré toutes les contradictions de sa vie. Il ne peut changer la personnalité de ses parents, ni de leurs conflits respectifs.

Les souvenirs de Marcel sont codés depuis de nombreuses années par l'intermédiaire de celles de ses ancêtres. L'évolution de chacun d'eux a tissé un programme dans son génome cellulaire. Ainsi, la naissance de Marcel représente la continuité d'une chaîne humaine évolutive de la conscience avec ces chaos et ses joies.

- Comment doit-il développer sa personnalité ?

- Comment trouver son bonheur dans celui détruit de ses héros ?

- Comment adapter sa jeune vie vers l'équilibre ?

- Comment se concentrer dans la réussite d'un système éducatif essoufflé ?

- Comment Marcel doit-il trouver le bonheur à travers chaque petite joie ?

- Comment assumer sa responsabilité d'individu avec ce merveilleux cadeau qu'est la vie malgré un début de parcours en désordre ?

Toutes ses questions suscitent des réponses incertaines ! Les réflexions de Marcel doivent unifiées positivement son esprit sans risquer de se perdre dans l'amertume ! Selon la force de sa personnalité, de ses rencontres et du support de ses parents, la vie lui offrira le développement concret de ses aspirations.

Suggestion : *Le remède du docteur Bach « Holly » contrecarre l'animosité et assure une quiétude intérieure... Recommandé pour tous les enfants dès leur première phase d'indépendance à petite dose durant quelques mois...*

Le cycle évolutif du vivant progresse et se déroule depuis quinze milliards d'années, suivant une cadence de globalité où l'humain apprivoise sa survie.
Les premières formes de bactéries et d'organismes multicellulaires ont permis de développer des mollusques, des coraux, des coquillages, des algues et des plantes.
Par la suite apparut les insectes, les reptiles et les amphibiens.

Plusieurs millions d'années ont été indispensables à l'évolution des premiers mammifères grâce à la disparition des dinosaures.

Un changement climatique, la chute d'un astéroïde ou le hasard d'une extension d'existence de l'univers ont-ils permis à l'homme de faire son apparition ?

La préhistoire relate une époque où les premiers humains se nourrissaient de chasse, de pêche, de cueillette de fruits et de plantes indigènes. Ils ont appris au fil des siècles à sculpter et à façonner des objets afin d'améliorer leur existence.

Des peuplades ont émigré vers des territoires de plus en plus lointains et impressionnants. Les conquêtes, le pouvoir, la curiosité, l'attrait de l'abondance et de la beauté ont déterminé une marche vers le futur qui continue encore de nos jours.

Sommes-nous dans un cercle où bientôt les deux lignes font se rejoindre en une circonférence parfaite ?

L'humain a-t-il fermé la boucle de son évolution ?

Je ne crois pas, l'intelligence humaine négocie un pallier de plus vers une plénitude inconnue de sa conscience. Les mémoires s'entretoisent et s'amplifient selon le choix de chacun pour satisfaire un désir ou un rêve. Les chansons, les actions, la politique, les religions programment des perceptions qui influencent le comportement humain.

- L'inconscient archive les renseignements du passé, du présent et d'un imprévisible futur.

- Ce contenu suscite des réactions quotidiennes ! Parlez lui d'amour, de créativité et d'humour, ces sentiments jalonnent son parcours.

- Parlez lui de crainte, d'insécurité ou de frustration, ces émotions dessinent son destin.

L'inconscient est le metteur en scènes des photographies propulsées par les pensées. La relation entre l'inconscient et la conscience exprime une dualité ou une complicité. La plupart des maladies sont issues de cette guerre interne que chaque humain affronte pour négocier ou consolider son individualité créatrice.

Chaque jour ouvre une fenêtre aux conditionnements et nous fais croire qu'une situation est facile ou difficile à traverser. La perception d'un événement est limitée par les peurs d'une vérité personnelle mais, peut-être amplifiées par les croyances.

1- Une maladie chronique reflète un miroir de victime, une façon de nier sa responsabilité en choisissant un rôle de pitié avec lui-même.

2- Votre attitude et votre comportement sont à l'origine de toutes les difficultés ou de la perte d'estime en vos talents créatifs.

Choisir d'être victime apporte de la compassion et du soutien pour un certain temps. Votre inconscient jubile, car il renforce un dossier de malheur et vous fais perdre les notions importantes concernant vos erreurs.

De ce fait, la **maladie d'Alzheimer** exprime le déclin des lois biologiques du cerveau. Une énergie d'harmonie et d'équilibre assure la prolongation de la vie et de sa structure sociale. Que dévoile le passé d'une personne atteinte de léthargie, de mélancolie ou d'un manque d'intérêt constant? Faire un effort ou choisir de tout oublier pour éviter la souffrance morale de sa vie, est-ce la solution ?

Un deuil mal vécu, un traumatisme angoissant, des ambitions déçues, une perte d'estime de soi sont-ils responsables du désordre présent ?... La recherche matérielle d'abondance palpite au cœur de chacun, augmentée par la convoitise du cinéma et de la télévision. Elle décrit des ambitions illusoires impossible à atteindre pour plusieurs d'entre nous.

- La crainte et l'inquiétude de l'avenir sont-ils réels pour les jeunes travailleurs ?

- La peur du changement dans les habitudes ouvre-t-elle le chemin à l'insécurité ?

- L'humain a besoin de repères, de routines, de visages connus et de différentes possessions pour son confort et sa sécurité.

Le changement en lui-même n'est pas problématique, mais son inquiétude suscite l'embarras de quitter une zone d'aisance. Cette crainte risque de provoquer un stress ou encore, l'acceptation d'une nouvelle liberté inconnue. À choisir ?

La confiance dans les possibilités que la vie procure demande une flexibilité et un lâcher prise essentiel pour créer de nouveaux défis prometteurs.

Jeunes ou vieux, la **maladie d'Alzheimer** n'est-elle qu'un signe de la dégradation physiologique du cerveau humain ou l'aboutissement d'un processus de conscience ? Je crois que cette détérioration vient d'une démission, d'un regret, d'une déception, d'un désir impossible ou d'un deuil trop lourd à porter.

Le logiciel mémoire du cerveau devient en surcharge émotionnelle. Il préfère barrer cet épisode plutôt que de résoudre ou de comprendre son impact évolutif.

Chaque humain a besoin d'être reconnu dans ses besoins affectifs ou de sa différence comme handicapé, enfant, adulte, vieillard ou bien-portant.

Trouver son avatar* à travers les rencontres, les situations ou parmi le monopole des désirs, demande réflexion et acceptation de ses limites.

- Le Tao enseigne le principe du Chi, cette énergie universelle qui anime le cosmos et tous les humains. Le Chi est considéré comme une force de rayonnement qui stimule les processus corporels et active l'ensemble des systèmes organiques. Son harmonisation est essentielle à un état de bien-être. Les pensées et les sentiments influencent la circulation du Chi…

- Le Chi circule librement selon des schémas précis que je nomme les autoroutes énergétiques du corps ou les méridiens. Ils sont connectés entre eux et procurent la force vitale organique. Quand un blocage survient, le flux de l'énergie est perturbé et différents symptômes désagréables occasionnent des malaises.

L'énergie ancestrale reçue à la naissance est une forme de Chi ou d'essence vitale. Elle est déterminée par la structure physique des parents, des circonstances psychologiques de la fécondation et du patrimoine génétique des ancêtres. Cette énergie se situe au niveau de l'élément Eau de la Médecine chinoise par l'intermédiaire des reins.

L'équilibre du Yin et du Yang est le principe essentiel de la philosophie taoïsme pour conserver son énergie. Dans la société occidentale, tout est dirigé vers le mouvement et les distractions. Le **silence** est une source d'ennui et de solitude. La **méditation** reflète un état de relaxation intense et nourrit l'énergie intérieure. En d'autres termes, le silence découvre les richesses du non-dit, des révoltes intérieures et dissipe les raisonnements inutiles.

La méditation et le silence sont deux jumeaux identiques qui favorisent l'écoute et la concentration.

- L'écoute est une fonction sensorielle qui englobe l'esprit, le corps, l'énergie et la mémoire.

- L'écoute est une des aptitudes humaines les plus délicates à maitriser et à conserver dans la complicité d'une relation.

- L'écoute nécessite l'oubli de ses besoins immédiats, sans devoir toujours couper la parole de l'autre par des interventions personnelles.

Pourquoi toutes les négociations politiques sont-elles si longues et si fastidieuses dans la conclusion d'un accord qui respecte les valeurs de chacun ?

Chaque dialogue rencontre une oreille demi sourde qui n'entend que ses propre objectifs.

Aujourd'hui, les jeunes partagent leurs messages sous une forme « **rap** » qui est devenu une mode d'expression sans orchestre, sans solfège, sans artifice. Pour moi, le « rap » est une sorte de délire qui exprime une prise de position, un bouleversement des traditions, une vérité en opposition ou un mode d'expression qui échappe aux institutions. Les mêmes paroles répétées se cherchent et se perdent dans la création d'une langue en quête de communication et d'écoute.

La peinture énonce aussi une autre forme d'expression, elle offre l'impulsion d'une décharge émotionnelle par le jaillissement d'une poussée silencieuse d'un art abstrait. Peindre propulse une création sur la scène des libertés refoulées en une expansion de beauté, de couleur et de formes.

----

*Avatar, apparence, image, illustration, personnage virtuel qui trouve son origine en Inde.

Mécanismes psychologiques

Le décès de la mère de Rosa à sa naissance et celui de son père le jour de ses douze ans a imprégné l'esprit de Rosa d'une méfiance de la mort. La deuxième épouse de son père a fait de son mieux pour alléger le poids émotionnel de l'adolescente.

Dès lors, Rosa s'est tourné vers le sport et la lecture pour oublier ce qu'elle considère comme un abandon non prémédité.

- Par quels mécanismes psychologiques détournera-t-elle sa souffrance ?

- Quelle mémoire sera codée dans ses registres émotionnels ?

- Comment échapper aux concessions offertes par le destin ?

Il est important de soigner le dernier drame de Rosa par « Rescue », le remède d'urgence du docteur Bach. La synergie de ses cinq remèdes permette de rétablir l'équilibre mental. Le « Rescue » dissipe le choc psychique et ramène la stabilité émotive. Les deux traumatismes de sa jeune vie gravent dans son inconscient un état de résignation.

C'est pourquoi Rosa a besoin d'un réconfort pour favoriser l'acceptation de sa destinée, sans entrer dans l'amertume et la nostalgie. Grâce à ce remède, les mécanismes de son cerveau enregistreront ces chocs comme une expérience de sa jeune vie sans laisser d'empreintes indélébiles de rejet. Rosa pourra continuer à communiquer avec l'esprit de son père, grandir dans la joie et développer l'étincelle du bonheur et de l'amour.

Au contraire de cette attitude, l'oublie devient le repaire sans structure spécifique qui appréhende la réalité, conséquence d'une grande souffrance morale.

Six postulats de l'oublie

- L'oublie est le refuge d'une dépendance affective.

- L'oublie engendre la pitié et la compassion.

- L'oublie emprisonne les mémoires d'un traumatisme dans un coin obscur du cerveau.

- L'oublie apporte le bonheur au présent.

- L'oubli parcourt un chemin où le désespoir a trouvé un refuge accueillant.

- L'oublie se fond dans les ténèbres du passé pour apaiser une souffrance morale trop fragile.

Chaque jour, ramène un piège émotionnel qui cache une sagesse prisonnière des mémoires de l'enfance ou des générations ancestrales. Comment prendre conscience de ce fil invisible qui unit chacune des neurones aux différents circuits électriques du cerveau ?

L'inconscient humain est prisonnier d'une toile d'araignée tissée de secrets et de convoitises. La corruption sous toutes ses formes a déformée la vérité essentielle de l'esprit humain par les peurs de la mort, de la maladie et de ses incertitudes.

Toutes les religions ont établis des règles immuables et austères. La culpabilité et le devoir représentent les lois à suivre, à écouter sous peine de sanctions sévères. Comment les hommes sont-ils venus à croire à toutes ses facettes de prison spirituelle ? Un humain quel qu'il soit peut-il imposer pour des siècles un dogme où la faculté de son esprit est unanime ?

Comment reprendre les rênes de notre valeur morale ? Aujourd'hui, la dégradation d'une civilisation humaine se mesure à la convoitise de quelques individus qui cherche la domination. Comment libérer le rétrécissement d'un esprit prisonnier de ses propres lois et d'une attitude émotionnelle perturbée par l'avidité et la corruption ?

La destruction des cellules par la chimiothérapie, la radiothérapie et la prise d'ordonnance pharmaceutique se développent à un rythme infernal. La hausse des impôts, la limitation des libertés, les barrières frontalières et l'audace du terrorisme comblent une mémoire ravagée pour des raisons secrètes, puissantes et démoniaques.

- La maladie d'Alzheimer est devenue une réaction de santé pour oublier le mal de vivre caché au fond de soi où un chant silencieux cultive l'inquiétude. Les bagages hétéroclites de l'intelligence de chaque humain sont-ils en train de sombrer dans les ténèbres d'une nuit sans fin ?

- Une thérapeutique médicamenteuse n'apporte pas la connaissance de soi, ni d'apport affectif important, ni de supplément d'énergie pour sortir d'une stagnation émotionnel.

- Seul le repos ou l'abandon d'une cédule trop rigide sont salutaire à l'esprit pour reprendre contact avec ses aspirations et son individualité.

La santé est un processus d'ajustement et de reconnaissance envers soi dans le respect des autres. Celui qui accepte sa personnalité tout en s'adaptant au monde extérieur ne connaît pas la maladie.

Selon le Tao, une vision de globalité entre le corps et l'esprit confirme l'évolution d'un mécanisme psychologique avec l'abandon des illusions matérialistes.
Chaque humain s'émancipe en créant son identité. Par exemple, je demande à dix enfants de dessiner leur maison ?

Aucun croquis ne sera identique, chacune des illustrations sera conforme à la couleur émotionnelle de l'enfant. Ainsi, un mécanisme inconnu miroite l'authenticité de l'esprit par les formes, les couleurs, les personnages et l'environnement de la maison. Cette dernière représente le réalisme ou la dualité avec lui-même dans le moment présent.

Découvrir sa personnalité est un long cheminement de libération de ses peurs. Ces dernières conduisent vers la timidité et le retrait social.

Si les mécanismes d'évolutions symbolisent la voie du milieu, soit celle entre l'ordre ou le désordre, la beauté ou la laideur, le vrai ou le faux, la richesse ou la pauvreté, que signifie les comportements inadéquats ? Pourtant, chaque décision est toujours en dualité entre l'inconscient et le conscient. Affronter les polarités du discernement et de ses rouages psychologiques demande tolérance et observation de nos attitudes.

Plus vous vous dégagez de vos émotions, plus vous serez serein et heureux ! La vie est une valse qui tourne et virevolte au son d'une musique en mouvement avec le quotidien.

Le cerveau utilise un système de mécanismes ultra perfectionné qui enregistre des données à chaque seconde de la vie. Ce système s'alimente des idées, des rêves, des objectifs et des pensées. La lecture, l'écriture, la peinture ou toutes formes de créativités englobent un univers où le cerveau se connecte à un dispositif de concentration et oublie les routines de l'ennui.

- Les images mentales transmettent un processus complexe au cerveau par la visualisation et la répétition des objectifs. Vous devez éliminer de votre pensée le mot « défaite », car ce même processus va le formater en réalité. Tous les mots ayant un rôle d'échec, de fatigue, de désastre, de souffrance ou de fiasco doivent être répétés avec parcimonie afin d'éviter de programmer leur réalisation.

Développer mentalement la réussite vous offre une possibilité favorable à la concrétisation de vos objectifs. L'échec n'existe pas, seul les résultats sont importants. La peur de l'échec embrouille la réalisation des rêves. Écrivez vos objectifs et programmez votre plan d'action…Un jeu que le cerveau adore, il s'adapte et trouve les solutions demandées d'une façon surprenante…

Investir dans un développement personnel est synonyme de performance et d'estime envers soi-même. Alors, la persévérance, la confiance et la concentration sur les réussites ouvrent la porte à de nouveaux leviers de réflexions… La découverte de ce qui est le mieux pour la conscience. Que voulez-vous exactement de la vie ? Entrer en action maintenant…Les pensées ou les soucis détermine la vie ! Quel est votre choix ?

Un mécanisme psychologique est un rouage qui s'emboîte, s'organise, se désorganise et se réalise.

Le chemin labyrinthique des neurones s'adapte aux informations reçues, et réfléchi tel un miroir le reflet constructif du destin. Parfois, la nécessité d'oublier tous ses plans, ses projets afin de vivre la joie de l'inconnu suscite une liberté intérieure intéressante. La vie est une vague qui se déplace sous forme d'ondes, d'adaptation, de surprise et de secret.

Souvent, de nouvelles opportunités introduisent un visage d'incertitude ou celui de la peur du qu'en dira-t-on ? Cela risque d'insérer dans les mécanismes neuronaux, le doute et l'insécurité. A la place, suivez le courant sans plan défini en fonction de vos idées et de votre intuition et soyez très alerte à tous les changements.

Plusieurs maladies psychiques, névroses, phobies, dépression ou fatigue mentale sont des manifestations d'un éveil de l'âme coïncidant souvent après un deuil, un gros chagrin ou un drame financier. Malheureusement, l'esprit humain a besoin de chaos pour évoluer.

« Être est suffisant, rien de plus est nécessaire » parole d'un sage bouddhisme.

Numériser les mémoires

Ce processus très moderne explique l'évolution de la recherche scientifique. Dès l'âge de bronze, il y a 5000 ans, un homme traça un plan sur le sable à partir d'un quadrillage.

Ce dessin lui a permis d'ériger les premières grandes cités composées de rues, de canalisations et de bâtiments plus ou moins somptueux selon leur propriétaire.
De nos jours la ville de New York est la mémoire de cette architecture du passé.

Une idée révolutionnaire peut surgir de l'esprit…Le plus difficile reste à la faire accepter…Dépasser le seuil de la simple notion pour relier un nouveau concept de créativité enfin d'outrepasser les repères établis…Un ponceau uni les hémisphères gauche et droit du cerveau que je nomme l'intuition et le concret. De minuscules lumières scintillent et soudain une idée traverse cette passerelle pour édifier une formule de créativité peu importe le domaine…Alors, l'important est de continuer, ne pas laisser l'oublie apporter cette lueur fortuite…

Numériser les mémoires est un processus établit depuis le commencement du monde à travers les expériences de chacun. Alors soyez indulgent envers ce magnifique don et accueillez le comme un cadeau de noblesse éternel.

J'énumère quelques exemples de mémoires et de ses pathologies

1. *La mémoire express ou instantanée* est celle qui permet votre travail de tous les jours.

2. *La mémoire ancienne* rejoint les gestes appris, l'évocation d'informations ou de situations passées.

3. *La mémoire émotive* retient des épisodes déterminés selon le stress ou l'émotion ressentie lors d'événements vécus.

4. La *mémoire épisodique* ou mémoire autobiographique désigne le processus par lequel on se souvient d'opportunités vécues avec le souvenir des décors et de leur contexte.

- *L'amnésie globale* signale un trouble profond de la mémoire.

- *L'amnésie antérograde* oublie les faits quotidiens et conserve les anciens.

- *L'amnésie rétrograde* perd le souvenir des situations anciennes mais se souvient des récentes.

- *L'amnésie lacunaire* représente les trous de mémoire qui suivent un traumatisme.

En résumé l'humain développe une mémoire d'informations générales et une deuxième qui permet de retenir les fonctions renouvelées au quotidien.

Les trois étapes d'une bonne mémoire

1. Le codage est l'étape qui informe le cerveau d'une donnée à mémoriser.

2. La **fixation** permet au cerveau d'ancrer cette information et d'en créer le souvenir.

3. La **récupération fait allusion à la mémoire du passé et à toutes les connaissances acquises.**

Un sommeil réparateur est primordial au repos de l'esprit pour mémoriser l'information et renforcir l'apprentissage des connaissances.

Quelles sont les influences des jeux vidéo sur la mémoire?

Selon, l'observation d'une chercheuse de l'université de l'Illinois, Daphné Bavelier, les jeux vidéos ont une valeur positif au niveau de la mémoire. Les jeux permettent :

1. D'accomplir plusieurs actions simultanées sans se déstabiliser

2. De développer certaines facultés d'apprentissage avec la mémoire

3. D'évacuer l'agressivité ou la tristesse en récupérant un aspect de confiance

Quelles sont les influences des téléphones portables sur le cerveau?

L'étude Interphone démontre le risque de développer une tumeur à 40%, si l'utilisation dépasse trente minutes par jour. Cette conclusion n'est pas précise, par contre le Centre International de recherche sur le Cancer en 2011 déclare la nocivité de ses appareils avec un « peut-être cancérogène »?

À quelle phase les ondes influencent-elles le cerveau? Prudence avec les enfants… Même si la découverte du numérique inscrit une stratégie de partage, d'encouragement et un dérivatif à la solitude, chacun doit demeuré réaliste!

Chaque étape de la vie conduit vers une union plus perfectionnée de nous-même. De la naissance jusqu'à la mort un chemin se déroule, s'élargit et se décore de vertus apprises au fils des expériences et des souffrances. Toute naissance représente la vie et la mort. Une graine franchie la barrière du sol et grandit avec la force des nutriments de la terre accompagnée de la chaleur du soleil.

De la même façon, l'humain a germé d'une graine fécondée pour croître et développer son potentiel créatif en lien avec sa personnalité et ses mémoires.

Ne pas se laisser envahir par la facilité et la routine d'un système éducatif, médical, professionnel ou social demande de prendre position sans culpabilité... Soyez vous-même ! La vie vous est prêtée pour réaliser le défi de trouver votre vrai visage, celui de l'amour.

Comment vas-tu ? La réponse routinière du « tout va bien » cache-t-elle un doute ou une déception émotionnelle ? Nous vivons dans une société où les peurs de décevoir et d'être rejeté sont incontestables. Symbole d'une procédure apprise à ne pas déranger, le silence fait place aux désaccords, à la timidité, aux conclusions hâtives et décevantes.

Quand l'heure du grand départ sonnera à votre horloge biologique, soyez réconfortant pour les personnes autour de vous, car ils ont beaucoup plus peurs que vous.
La mort est le dernier palier d'une légende humaine et de l'héritage laissé aux survivants.

Le détachement et la gratitude concentrent la globalité des rêves et des désirs en un récit parsemé de chagrin et de bonheur.

L'attitude, conclusion d'un état d'esprit détermine la progression de la conscience à travers les expériences terrestres. *Selon la mythologie hindoue, toute créature structurée traverse vers un autre royaume à la fin de son périple terrestre. Un long voyage d'évolution se termine dans un espace inconnu et mystérieux pour nous tous.*

La mémoire du temps oblige le mental à concrétiser les faits et à mémoriser les plus importants de l'évolution. Si le focus des ambitions se positionne sur la convoitise et l'égoïsme…

Quelle sera la maladie longue et pénible qui affaiblira la résistance psychologique et morale vers une transformation spirituelle ?

Le numérique des mémoires est le dictionnaire du vécu et des attentes. Le temps suit l'itinéraire enregistré sur le GPS mental et propose quelques raccourcis pour rejoindre un dialogue silencieux qui se cache au cœur de la conscience.

- La mort rapide d'un proche provoque un questionnement sur les vraies valeurs de la vie où le processus d'une réalité difficile à comprendre se faufile.

- Un moment d'adieux, un deuil à apprivoiser, un choc à temporiser, l'évidence s'installe partagée entre les émotions d'une authenticité concrète et cruelle.

- L'oublie est souvent la conséquence d'un deuil mal vécu où la culpabilité tapisse une mémoire dont la vraie vérité demeure obscure.

Chacun de nous a vécu certaines périodes d'excitation, de frénésie, de bonheur, de crainte ou de tristesse à certains moments. Par contre plusieurs personnes réagissent par des sautes d'humeur démesurées et non contrôlables dont le diagnostic de **dépression** ou de violence déstabilise le quotidien des autres.

Pourquoi le cerveau réagit-il ainsi ?
Quelle est la cause de ces désordres ?

Normalement certaines peurs présentent durant l'enfance diminuent avec la maturité… Mais parfois une crainte marque davantage la mémoire d'un enfant… Cette insécurité peut se modifier en angoisse lors de situation anodine à l'âge adulte.

Des exemples

1. La peur d'une séparation bouleverse les départs, les fins d'années scolaires et les voyages chez un individu sensible.

2. La peur du noir transforme les nuits en cauchemars ou en insomnie.

3. La peur de l'inconnue défait toute perspective d'activités nouvelles et enrichissantes.

4. La peur de manquer d'un adulte risque de développer une phobie chez leur enfant fragile et émotif.

5. La peur de la mort à la suite d'un grave accident provoque un vide au niveau du cœur doublé de fatigue et de dyspnée.

Déprogrammer les peurs du cerveau

Les peurs ont une répercussion sur la vie communautaire, affective et professionnelle de l'humain. L'anxiété, la panique et l'angoisse accompagnent souvent une crainte non fondée qui prend la place de tout raisonnement et développe des troubles d'humeur.

La plupart du temps, une mémoire reliée à une peur détermine l'ampleur d'un stress psychologique. Ce dernier engendre des stratégies d'adaptation qui minimise ses conséquences en diminuant son impact physique.

Déprogrammer les peurs se résume à voir la vie différemment, à créer avec le mental un scénario d'identité totale et pacifique. L'évolution incite à modifier un rythme monotone en une expérience dynamique, et valorisante afin d'inciter la créativité. Celui qui avance sur le chemin de l'évolution rencontre des surprises, des défis et des opportunités nouvelles.

Réflexions sur la programmation des peurs

- Les peurs sont-elles la réponse génétique venue de nos ancêtres qui ont survécus à des situations défavorables et hostiles ?

- Les craintes sont-elles le fruit de déceptions refoulées lors d'un besoin réel de l'enfance ?

- Les doutes sont-ils la conséquence d'un manque de soutien affectif ?

- Les frustrations sont-elles un mécanisme de défense essentiel à la survie ?

- La culpabilité est-elle un refoulement inconscient qui empêche la confiance et la joie de vivre ?

- L'épuisement est-il la conséquence d'un perfectionnisme trop grand dans l'accomplissement d'un travail professionnel ?

Le cerveau enregistre dans les dossiers de l'amygdale* le souvenir des évènements marqué d'une empreinte émotionnelle. Quand un événement survient en rappel avec une mémoire de l'enfance, une réaction émotionnelle se produit. Les conséquences provoquent des conflits difficiles à gérer qui remontent à la conscience. Chacun défend son territoire avec la conviction d'avoir raison selon ses perceptions et ses vieilles souffrances.

- Vous ne pouvez changer le passé, mais vous pouvez guérir le présent par la compréhension de vos mécanismes de défense.

La culpabilité, la colère, la tristesse sont des émotions de défense. Elles renforcent le blâme fait à soi-même envers un besoin non comblé de l'enfance. Ainsi, les pensées, les désirs et les perceptions ont cultivé un esprit de protection envers tous les conflits qui ont une résonance avec le passé. Ce pouvoir subtil de l'inconscient dirige les attitudes en position négative ou positive selon le discernement de l'individu.

Combien de temps perdons-nous à attendre ? Ralph Waldo Emerson

- L'humain passe la plupart de sa vie à attendre quelque chose ou quelqu'un pour trouver le bonheur !

Il attend la personne parfaite, le voyage romantique, la dernière technologie, une nouvelle auto, déménager dans une maison plus grande. Il cherche un moyen d'atteindre ses rêves et de réaliser ses objectifs en oubliant de vivre maintenant.

« Là, où l'humain se trouve en ce moment est le futur qu'il a projeté dans le passé », important à ne pas oublier !

Tout est déjà super, la température, votre lieu de résidence, la nourriture que vous mangez, le film que vous avez le loisir de regarder, l'auto achetée avec soin et les personnes autour de vous.

Chacun peut participer au miracle de la vie par sa santé, son humour, son sourire et sa gratitude d'être vivant. Les attentes ne sont qu'un miroir d'illusion... Elles reflètent l'insécurité envers soi !

Parfois les fantasmes suscitent un regain de confiance, un élan de coquetterie ou la réalisation d'un rêve imaginaire impossible. Les enfants racontent des histoires et improvisent les activités des adultes. Pour eux, ce manège offre l'aspect d'un théâtre où se concrétise une magie secrète et réelle.

La solitude révèle-t-elle l'attente d'une autre personne irréprochable qui va accomplir tous vos désirs. Est-ce une illusion ? Vous êtes peut-être le plus grand amour que vous attendez depuis longtemps. L'humain a besoin de se sentir valoriser, entourer et aimer pour atteindre sa plénitude.

Alors, développez un esprit de joie et oubliez vos peurs de performance… S'amuser de la vie et la trouver trop courte résume un objectif inconscient qui s'exprime, s'enrichit, s'analyse, se conçoit et s'organise. La maladie mentale est-elle provoquée par une manifestation de défense ou comme une protection contre une vérité trop douloureuse à partager ?

La médication est-elle la seule issue lors de situations inappropriées de manifestations psychotiques ? Une thérapie sur les mémoires inconscientes serait-elle aidante pour diminuer les effets secondaires dévastateurs d'une médication à long terme ?

Dépasser le monde des peurs et des insécurités, c'est dire « oui » à l'imperfection de la vie quotidienne. Toute relation humaine peint un tableau de particularités, d'intérêts, de difficultés et d'imprévues pour atteindre la plénitude intérieure parsemée de petites joies.

La plupart des gens ont une peur instinctive du succès ou de l'échec, et souvent des deux. Ces peurs involontaires développées durant l'enfance sont pour la plupart inconscientes. Les peurs bloquent les aspirations et les rêves. Arrivé à l'âge adulte, ces peurs intégrées passent inaperçues et viennent saboter les décisions et les objectifs.

Comment identifier ses peurs ? Comment les libérer du subconscient ?

Les émotions provoquent des réactions de conflits dépendant de la personnalité de l'individu. La rancune, la peur, la mélancolie engendrent des dispositions différentes envers le bonheur et la tendresse... L'humain réagit aux évènements avec un esprit émotif et rationnel, cela l'oblige à des comportements impulsifs et aberrants pour les autres.

Le cerveau a évolué au cours des siècles et l'augmentation d'échanges entre les neurones est devenue plus complexe et nuancée. L'intelligence émotionnelle s'anime de multiples réactions et interprète des informations transmissent par différents logiciels cervicaux (l'amygdale, le thalamus, le néocortex, l'hippocampe). Par contre, l'intelligence créative est sensible aux nouvelles conceptions.

En conclusion, le contrôle du circuit des peurs vient de réactions émotionnelles sauvegardées par les empreintes du passé ou de l'enfance. Ces signatures impriment des ordres, des perceptions ou des interprétations dont le but est d'enseigner le dépassement de l'agitation mentale.

- La motivation, la persévérance, la patience, la méditation, la pensée positive et la joie de vivre améliorent l'intelligence et déprogramme les peurs du cerveau. Ces qualités augmentent l'adaptation à compenser les réactions négatives ou l'interprétation des inquiétudes de l'entourage.

- Une vigilance soutenue des ressentis intérieures désigne la conscience du « soi ». Reconnaître ses réactions, ses dispositions, ses résignations, ses peurs et ses colères prédisposent l'esprit à un comportement plus serein.
- Une émotion trop forte se désamorce par la distraction, un exercice physique, une respiration consciente, la lecture ou autres activités. La mélancolie reliée à un deuil oblige la personne à réfléchir à de nouveaux objectifs, d'éviter les pensées de rumination et de culpabilité.

Suggestions : Le remède du docteur Bach « White Chestnut » stabilise la pensée et permet de résoudre ses soucis plus facilement.

Souvent le non verbal traduit une communication muette à décoder. De ce fait, la coordination émotionnelle conduit vers la négociation d'un établissement relationnelle plus harmonieux. Cette aptitude transfert des données de charisme et de réussite social en étant une partie intégrante de l'intelligence émotionnelle.

Chaque personne possède des énergies différentes qui peuvent être réunies sous un aspect positif. Si le cerveau programme certaines peurs, la leçon la plus congruente de la vie explique l'essentiel évolutif qui réside à l'intérieur de chacun.

Si vous êtes malheureux, concevez que rien ne vous force à prolonger cet état !

----

*L'amygdale est une organisation cérébrale essentielle au décryptage des émotions, et en particulier des souvenirs inquiétants pour l'organisme.

Protéger le cerveau par la nutrition, l'exercice et le sommeil

Protéger le cerveau s'associe à l'essor de trois plans: manger avec lucidité, pratiquer des exercices régulièrement et respirer consciemment. Pour apaiser les émotions négatives, reliez le corps à l'esprit et soyez responsable de votre vie avec compassion en passant à l'action. Le secret pour atteindre cet objectif est d'apprendre à mettre en place des habitudes différentes. Si vous créez seulement un plan, cela ne fonctionne pas... L'habitude permet au cerveau de concevoir un style de vie et il l'adopte facilement.

L'exemple de suivre le rythme circadien comme le jour et la nuit, nous fait comprendre que le cerveau enregistre toute nouvelle habitude et développe une horloge biologique de routine. C'est une protection de survie.

L'alimentation, source d'énergie et d'équilibre

Les aliments fournissent les éléments indispensables à une bonne santé physique, psychologique et affective. L'alimentation comble les besoins biologiques et énergétiques de l'humain.

L'agroalimentaire moderne a développée une panoplie de produits pour rehausser le goût et l'aspect visuel des aliments.

Sont-ils tous compatibles avec le fonctionnement des structures cellulaires du cerveau et de l'organisme ?

Le rôle préventif de la nutrition a un impact important sur le maintien de l'équilibre mental. Le système immunitaire possède une armée de soldats dont l'entrainement assidu et performant surveille le potentiel de chaque échange cellulaire.

Comment renforcir les défenses immunitaires par une alimentation vivante tout en lui fournissant de bons nutriments ?

- Un régime alimentaire équilibré fournit des fruits, des légumes, des grains entiers et des protéines faibles en gras.

- Une addition de lipides sous forme d'huile pressée à froid biologique

- De bons gras provenant de la famille des noix

- Des aliments aux vertus anti oxydantes qui préviennent les infections en protégeant les muqueuses et les parois intestinales.

- L'huile de colza est un assaisonnement préventif pour le maintien de la santé.

- Le curcuma, associé au poivre noir semble être capable d'agir sur la désagrégation des plaques amyloïdes impliquées dans la maladie d'Alzheimer (référence de passeport Santé).

La peau absorbe par les rayons du soleil, la vitamine D qui aide à la fixation du calcium et diminue les processus inflammatoires organiques.

La **malnutrition** provoque l'obésité, le syndrome métabolique, la fragilité immunitaire, un retard de croissance chez l'enfant avec des carences nutritionnelles importantes. Ses carences incitent aux difficultés pédagogiques de mémorisation et de concentration. L'apprentissage scolaire est impossible car le cerveau ne peut capter l'information nécessaire à son éducation. La mémoire, la concentration, l'humeur sont des indices de son bon fonctionnement.

La santé mentale a besoin de repos, de détente, d'exercices et de loisirs. Un programme de remise en forme progressif est préférable à celui intense qui laisse l'illusion d'une perte de poids rapide ou d'un ventre plat en quelques semaines. Se concentrer sur des résultats préventifs à long terme a plus de chance de succès. Car changer ses routines et son mode de vie prends du temps et de la persévérance...

La pratique d'une activité physique permet la libération d'hormones, tel la dopamine et des endorphines qui laissent une perception de contentement et de plaisir. Une marche avec respiration consciente après un repas suscite un regain d'énergie pour les cellules et améliore la mémoire.

Modifier une habitude à la fois, les résultats sont surprenants au bout de trente jours. Le secret pour adapter cette habitude est de la pratiquer quotidiennement. Débuter un nouveau programme par une routine pas trop compliquée exprime la détermination d'augmenter sa motivation.

Au fil des jours et des mois, la santé physique et mentale s'améliore. Les pensées négatives s'effacent et les dépendances se transforment en une attitude nourricière de créativité.

- La première règle débute par l'intention et le goût d'une nouvelle aventure avec soi-même. La routine développe jour après jour une passion pour de nouveaux aliments et d'un programme d'exercices appropriés à ses besoins.

Profiter d'un changement sans pression afin de matérialiser votre objectif. Ce but efface l'illusion d'un départ insensé ou irréalisable d'un désir. Soyez positif, confiant et patient, tous les projets à long terme laisse des traces de succès.

Identifier en soi une zone d'estime permet de profiter des changements en cours. En suivant votre passion et votre raison, la découverte sereine et joyeuse de cette nouvelle expérience se fera sans soucis des résultats et vous apprécierez le parcours ! L'esprit aventurier suscite des détours, des avenues non anticipées et des itinéraires imprévus ! Alors soyez en mouvement pour cette première étape qui conduit vers une énergie inconnue !

« Faites les premier pas avec foi.
Vous n'avez pas besoin de voir tout l'escalier, juste la première marche »
Martin Luther King.

Avantages d'un programme d'activités physiques

- L'exercice augmente les battements cardiaques et améliore la circulation sanguine.

- Une activité même modérée entraîne la formation de nouvelles ramifications nerveuses en stimulant différents territoires du cerveau.

- L'exercice physique est essentiel pour prévenir la maladie d'Alzheimer. Une marche quotidienne de deux à trois kilomètres diminue de moitié, le risque de cette maladie.

En résumé l'exercice est un moyen simple et agréable d'améliorer sa mémoire et sa concentration tout en contribuant à son bien-être.

Les besoins nutritifs du cerveau

1-Un apport en micronutriments (vitamines, minéraux et antioxydants)

2- Des macronutriments (protéines, glucides et lipides) pour activer ses fonctions

3-Un régime composé de fruits, de légumes, de grains entiers, d'oléagineux, de poissons, de viandes maigres et de différentes huiles pressées à froid suscite une aide préventive de notre ordinateur central.

4-La vitamine B1 est essentielle à l'utilisation du glucose par le cerveau. Ne jamais prendre une vitamine B seule, elle a besoin de sa famille complète pour éviter les perturbations physiologiques.

5-Si vous souffrez de fatigue, de lassitude et d'irritabilité, vérifiez votre menu (protéines, lentilles, céréales complètes qui sont riche en différentes vitamines B).

- Le neurotransmetteur de la dopamine a besoin de la vitamine C pour éveiller l'esprit à de nouvelles expériences. Cette vitamine diminue le stress organique causé par la pollution, les infections et la surcharge psychologique.

- Le garde du corps des neurones est la vitamine E. Elle protège la stabilité des installations cérébrales en évitant les détériorations intellectuelles autant chez les adolescents que les personnes plus âgées.

- Le cerveau doit trier et filtrer beaucoup d'informations chaque jour. Un apport en oméga-3, (acides gras trouvés dans les poissons gras des mers froides) aide le cerveau à réduire le risque des problèmes auditifs et celui de la mémorisation. Ce nutriment facilite le maintien des parois neuronales en les rendant plus souples, ce qui facilite la transmission des sollicitations nerveuses.

• Consommer des crustacées améliore la mémoire car leur composition en iode, choline et méthionine améliorent la mémorisation et prévient un vieillissement précoce.

• Les algues constituent aussi, un aliment à considérer par leur richesse en sélénium et en iode. Leur action anti-oxydante agit sur l'ensemble du métabolisme organique.

• Les fruits et les légumes biologiques sont des super aliments pour la santé car les plantes ne peuvent se déplacer comme les animaux. Alors elles possèdent un système de défense très développé, un bénéfice pour l'humain qui les privilégie.

• Mangez lentement car le cerveau prend vingt minutes avant de recevoir le message que vous avez débuté un repas. L'appel de la faim persiste, même si votre estomac est rassasié.

• La consommation d'aliments riches en antioxydants comme les fruits, les céréales entières, les noix, les graines, les betteraves et les légumes favorisent la prévention contre le vieillissement. Leur richesse en fibres, en minéraux et en vitamines permet de préserver le capital santé contre la pollution et les radicaux libres*.

• Selon certaines recherches la consommation modérée de vin rouge apporterait des bénéfices pour le système cardio-vasculaire et la prévention de la maladie d'Alzheimer. Le vin a une action fluidifiante, anti-oxydante, favorise la digestion et prévient les carences cérébrales.

Certains scientifiques prétendent que la viande aurait un impact sur la maladie d'Alzheimer ou de l'apparition d'une mémoire en défaillance. Cette théorie s'appuie sur la propagation de protéines animales infectées ayant un impact sur la santé neurologique humaine.

Facultés mentales à surveiller

1. Vous cherchez vos mots régulièrement

2. Votre humeur est variable

3. Vous avez de la difficulté à garder votre calme

4. Vos pensées demande un effort pour s'exprimer

5. Vos passions sont en attente

Le magnésium est un cation intracellulaire qui améliore la mémoire et la concentration. Des données scientifiques suggèrent qu'un déficit en magnésium perturbe plusieurs processus enzymatiques.

 Le magnésium est indispensable pour l'activité des cellules cérébrales. Il intervient également dans la libération de neurotransmetteurs. Des chercheurs ont également observé que le magnésium aide à accélérer le rétablissement de la fonction cognitive à la suite d'une lésion cérébrale induite de façon expérimentale. Le maintien d'un niveau optimal de magnésium pourrait donc être particulièrement important pour prévenir ou compenser le déclin de la mémoire qui accompagne souvent le vieillissement.

Sa principale source vient de l'alimentation. Le magnésium est un des minéraux essentiels organiques qui assure la récupération nocturne, car le *sommeil* est aussi un critère important au rythme organique des humeurs et de la mémoire.

Quelques astuces pour améliorer le sommeil
1. Faire du sport ou un exercice qui convient durant la journée.
2. Se lever plus tôt.
3. Suivre un cérémonial de coucher avec lumière tamisée et méditation.
4. Une chambre sombre pour dormir où il n'y a pas d'autres activités. Par exemple un ordinateur ou un appareil de télévision qui stimule le mental.
5. Concentrer l'attention sur la respiration, si difficulté à s'endormir.

Le sommeil aide à profiter pleinement des activités quotidiennes et la respiration consciente suscite une sérénité intérieure qui permet d'unifier l'esprit et le corps.

En résumé, une alimentation vivante préparée avec amour, un exercice régulier et un bon sommeil offre une assurance contre les pertes de concentration et du stress.

----

*Les radicaux libres sont des molécules très réactives générées par des facteurs externes comme le soleil, la pollution, le tabac, l'alcool et autres agents chimiques ajoutés à l'alimentation.

*Antioxydants, sont des composés qui protègent les cellules des dégâts causés par les radicaux libres.

Révélations des drogues

Toute substance chimique, synthétique ou naturelle qui risque de provoquer une dépendance est une drogue. Depuis des millénaires l'homme aime la sensation d'euphorie, d'excitation mentale et de voyance causée par certaines plantes ou composés chimiques qui altère sa consciente et son état d'esprit.

Plusieurs grands savants et artistes ont fait appel à certaine drogue pour créer des œuvres exemplaires.

La recherche d'un paradis illusoire détermine les valeurs familiales et sociales perturbées ou pas. Cette opportunité peut être un phénomène de collectivité qui appréhende l'avenir, ou simplement une détente. Les traditions ont laissé une empreinte de consommation presque obligatoire reliée au plaisir d'un jour. Ainsi a été créé un rituel de relation et de culture appliquant une impulsion sociale à toutes substances qui provoquent une altération même minime de l'esprit et procurant du bonheur.

Le cerveau aime la sensualité, l'humour, le rire et les chansons. Un moyen rapide d'y parvenir est la prise de substances psychoactives qui ne demande aucun effort de communication sociale. Par contre le danger d'abus et de dépendance sonne un avertissement dangereux !

La consommation abusive de toutes substances chimiques provoque une toxémie organique et certaines molécules se fixent dans les circuits de gratification du système limbique en créant une dépendance. L'irritabilité, la nervosité et le manque de motivation sont des signes que le cerveau est en manque.

Il y a plusieurs appellations pour les drogues, stupéfiants, psychotropes, haschisch, cocaïne, champignon magique, marihuana, alcool, tabac, héroïne (la consommation d'héroïne frelatée provoque un syndrome qui s'apparente à la maladie de Parkinson). Que penser de toutes les autres préparations chimiques et mélanges de synthèse ? Quelles seront les séquelles physiques et psychologiques sur le cerveau ?

La dépendance à la cigarette révèle deux causes existentielles, celle de l'enfance et de ses empreintes évolutives. La nicotine est un stimulant qui remonte le moral et engourdit les mémoires du passé. Elle procure un sentiment de sécurité, de calme intérieur et d'énergie illusoire. La plupart des fumeurs présente de la difficulté lors de situations frustrantes et décevantes car la cigarette leur sert de soutien psychologique.

Le tabagisme crée rapidement une accoutumance pour le cerveau et intoxique l'organisme.

Cette habitude donne l'illusion du bonheur. Car la cigarette stimule la libération de la dopamine* qui réduis la détresse psychique tout en favorisant une meilleure mémoire.

La cigarette double le risque d'une maladie d'Alzheimer ou d'un déficit cognitif.

Une dépendance est un comportement qui repose sur une envie renouvelée et incontrôlable d'une substance qui donne une sensation de bien-être. Malgré la motivation de s'y soustraire, cette envie demeure problématique. La compulsion d'achat ou d'une action spécifique exagérée entraîne souvent une conduite erronée dont l'équilibre de la santé mentale devient précaire.

Exemples de dépendance

1. Le jeu compulsif

2. La dépendance au jeu vidéo ou à internet

3. Le surentraînement sportif

4. L'attachement à certains médicaments

5. L'excès de travail

6. La cigarette, alcool et toutes les drogues

7. Manger avec excès et tous les troubles compulsifs

Pas facile de reprendre le contrôle, car toute dépendance comporte une perte de liberté reliée à une souffrance intérieure qui peut basculer vers l'angoisse. Changer ses habitudes demande du temps et de la patience…La thérapie s'engage sur la voie du sevrage intensifié par un projet de vie plus valorisant. Un suivi psychologique avec les remèdes floraux du docteur Bach ouvre la porte à une guérison plus profonde. La découverte de l'affirmation de soi et de la confiance soutient cette démarche vers une autre orientation professionnelle accompagnée du pardon.

D'autres situations analogues repèrent un mécanisme de défense contre des émotions blessantes. La colère, la dépression démontrent une façon de se protéger contre des mémoires frustrantes et désarmantes. Les émotions sont les drogues de l'inconscient pour endormir une autre souffrance.

La femme enceinte doit éviter la consommation d'alcool sous toutes ses formes. Un risque de retard de croissance, troubles de comportement, déficit de l'attention et d'apprentissage chez le nouveau-né est irréversible. L'alcool diminue le passage des nutriments essentiels aux neurones du fœtus et ralentit sa croissance cérébrale.

Trio d'une mémoire adéquate

1. Ne pas fumer, attention aux drogues

2. La marche ou un sport modéré chaque jour

3. Le calme, éviter le stress de la performance

Les bases de la mémoire

- La vue et l'audition sont sollicitées lors d'informations à mémoriser.

- Le cortex de l'hippocampe sélectionne et conserve la mémoire des plus importants évènements, images, perceptions et émotions.

- C'est le système limbique qui protège les données mémorisées.

- Les souvenirs demeure l'aspect structurel de la vie.

Quelques astuces pour augmenter le potentiel de la mémoire

1. Avoir des projets et des objectifs

2. Associer des d'images avec des mots

3. Apprendre une langue étrangère

4. Récupérer le plaisir de la lecture

5. S'amuser avec des jeux stratégiques

6. Discuter sur les forums ou entre amis

7. Écrire, composer des histoires, des courriels

8. Visiter des musées, des expositions

9. Faire des puzzles, des mots croisés

10. Mémoriser toutes les activités de la journée avant le sommeil

11. Rédiger une liste d'activités à chaque matin

12. Faire des concours d'observation avec des objets ou des sons

13. Pratiquer les mathématiques mentales

Le cerveau est comme une maison ou un jardin qu'il faut entretenir et dorloter. En l'absence de stimulation, le cerveau s'abandonne à une énergie sans âme.

Retrouver le parfum des fleurs sauvages, le bruit d'un ruisseau, l'odeur d'un sous-bois, le bruissement des feuilles contribue à transformer la réalité sous l'influence des pensées positives. L'oubli de ce que vous voulez oublier s'harmonisera tout seul avec la nature.

Le dessin est souvent l'une des premières formes d'expression de l'enfant. Il lui permet d'exprimer ce qu'il ne peut formuler par la parole et suscite l'opportunité de réaliser ses désirs.
La motivation et la passion sont deux clés qui propulsent l'esprit vers un mieux-être. Les moments difficiles et les deuils ne sont que des apprentissages d'évolution pour obtenir un regain de vitalité et de sérénité. La drogue la plus efficace est celle de votre joie intérieure !

----

*Dopamine, pulsion électrique du cerveau qui influence par sa capacité à traiter les informations de la pensée et du langage.

Voile des émotions

Le cerveau possède deux hémisphères qui se complètent. L'hémisphère gauche est le pivot du langage et de la pensée intellectuelle. Il permet de développer un vocabulaire riche, complexe et variable à des réponses diversifiées et détaillées de tous questionnements qui demandent jugement et compétence.

Par contre, cet hémisphère a de la difficulté à détecter les interrogations, les messages émotionnels et le ton de la voix des autres autour de lui.

L'hémisphère droit prédomine par sa facilité à décoder les sentis et les perceptions d'images mentales. Le mélange de dessins, de figures, de formes et de reproductions physiques est pour lui une orientation sélective de sa mémoire et de son observation.

Plusieurs auteurs connus recommandent la visualisation de nos aspirations avec différentes méthodes de relaxation ou de méditation afin d'atteindre un niveau plus performant de l'hémisphère droit.

Vous pouvez programmer des images, des évènements et des changements dans la vie par ces méthodes. Le cerveau est un ordinateur qui accepte une quantité phénoménale de logiciels car il est branché sur l'infini. Pourquoi ne pas en profiter…

Vous avez la possibilité de réaliser des phénomènes fantastiques en développant la clairvoyance, la télépathie et la visualisation chaque fois qu'un nouveau projet germe dans votre esprit. Les seize milliards de neurones du cerveau attendent patiemment quelques programmations positives et créatives. L'humain n'exploite que 10% de son potentiel inventif. Chacun de nous possède un génie innovateur qui dort dans une sphère non exploitée…

L'équilibre personnel se concrétise par la maîtrise des émotions. Ainsi, la quiétude intérieure utilise l'harmonie pour se libérer des peurs et des inquiétudes. La pensée positive, le respect des autres améliorent l'esprit et permet d'être plus heureux.

Le but de notre passage terrestre est d'acquérir la connaissance et la compréhension de nous-même. Les conflits, les épreuves et les deuils façonnent l'esprit en augmentant la conscience. C'est une leçon d'humilité et de persévérance pour grandir avec soi-même et performer sur un autre niveau d'évolution.

Je vous communique une phrase répétée par les adeptes en sciences cosmiques.

« L'énergie de l'univers me libère de mes peurs, de mes culpabilités, de mes angoisses et de mes doutes. Elle guérit mon esprit et mon corps de toutes ses mémoires négatives ».

Tout ce qui n'est pas en excès est positif pour les organes. La résonnance des couleurs et des sons harmonise la qualité organique de l'énergie centrale et de sa vigueur.

Se connaître, s'apprécier et développer ses passions est la clé de la santé physique et mentale. La plénitude trouve sa voie dans une réalité intérieure, ce grand livre des mémoires qui se perpétuent depuis des millénaires. La véritable création est celle de nous-même à travers les obstacles émotionnels de l'existence.

L'histoire moderne est la continuité d'un autre récit, celui des premiers habitants de la terre, des Incas, des Mayas, des Égyptiens, des premiers explorateurs des mers et des continents. Nous sommes l'anneau d'une longue chaîne humaine développée au fil des siècles dans l'infini petit du macroscope cellulaire.

Quel sera notre héritage personnel laissé sur ce chemin de défi, de souffrance et de connaissance ? Les mémoires du temps propulse une continuité de liens, d'évolution et de conscience. Le voile des émotions n'est qu'une illusion pour découvrir la paix avec soi.

Les artistes créent, chantent, dessinent, sculptent des œuvres fantastiques. L'athlète performe sa liberté de mouvement, de chorégraphie et de défi selon sa discipline. L'ouvrier s'applique à construire de son mieux en appliquant des règles acquises.

À travers votre métier, votre profession, votre famille, vos activités vous sculpter votre vie intérieure et les mémoires de vos descendants. Selon votre choix, vous aurez une influence bénéfique ou négative sur ceux qui s'approcheront de vous.

Les émotions sont la cause profonde de toutes les maladies. Pourquoi chercher des formules compliquées, des sacrifices, des espoirs déchus pour calfeutrer le désespoir de l'esprit ?

La source des émotions est inconsciente et semble souvent bien mystérieuse. Vous avez beau y penser et analyser de tous les côtés, la situation demeure sans issu.

Jardiner avec vous sous le soleil du bonheur réalise une force et un pouvoir profond sur l'inconscient. Plus besoin de vaccins ou de formule X pour prévenir la grippe, le sida ou le cancer…La terre est un laboratoire de confusion, de vision, de rêve, de transformation, de routine et de défi. Ses mémoires expriment les couleurs de l'inconscient, de l'oubli, et se projettent vers la paix et le respect de chacun dans une approche virtuelle d'une valeur temporelle.

L'amour offre un dessert agréable au cerveau, ce sentiment amoureux stimule plusieurs zones profondes du cerveau. Alors invitez Cupidon dans vos pensées ! En attendant, le rire et le plaisir activent les neurotransmetteurs (dopamine, sérotonine, acétylcholine, noradrénaline) et facilite la concentration.

- La dopamine procure la motivation, un esprit décisif et la joie de vivre.
- La sérotonine dévoile le dynamiste, l'action et un bon sommeil.
- L'acétylcholine révèle le développement harmonieux de la mémoire.
- La noradrénaline contrôle les sentiments.

Le voile des émotions cache plusieurs insécurités qui dictent notre travail et notre comportement dans nos choix de vie. Les angoisses et les paniques reflètent des troubles anxieux dont les facteurs responsables reposent dans un tiroir de l'inconscient.

Ces manifestations fragilisent le fonctionnement des surrénales qui déclenchent un surplus de cortisol pour conserver l'état des capacités physiologiques du réseau hormonal.

Cinq raisons d'un changement salutaire

- Croire en ses possibilités et à ses talents

- L'échec permet de s'améliorer, c'est un pas vers le succès.

- Augmenter l'estime de soi par un travail aimé !

- Passer à travers la peur de perdre, de se tromper ou du doute !

- Créer du temps en diminuant les séances devant la télévision, aux jeux électroniques ou à discuter sur les réseaux sociaux.

Peu importe ce que vous faites, c'est votre attitude qui est importante, tous les stress viennent du comportement adapté aux circonstances. Les frustrations, les déceptions et les irritations sont des manifestations de l'esprit, ces émotions vous baladent d'un sentiment à un autre et orientent l'esprit vers des émotions négatives.

Chacun a sa personnalité et sa vision d'une organisation, l'important réside dans votre réaction à une sollicitation qui vous rend heureux ou génère de la colère. Un problème de stress disparait quand vous commencez à évaluer votre perception face à la situation que vous vivez?

Les émotions sont dans votre tête, elles s'accrochent aux pensées et provoquent de l'irritation formulée sous forme d'impatience, de soucis inutiles ou de doute en vos possibilités. Le passé laisse des traces de culpabilité ou d'amertume envers certains apprentissages qui ne sont qu'une pratique sans plus.

Les larmes, la colère et le désespoir sont des manifestations d'épanchement des émotions. Ces sentiments résonnent des alarmes de protection contre un besoin d'attention ou de justice.

Visualiser ce qui vous dérange le plus dans une journée… Par la suite, prenez conscience de votre attitude et de l'amélioration objective…Vous serez surpris de la disparition du stress et de l'énergie inutile…

Le corps physique ne peut mentir, il conserve le souvenir des traumatismes et des deuils. Les émotions peuvent nous tromper ou exagérer la vérité, mais le corps réagit à tous les processus refoulés ou conscient de l'esprit.

Les conséquences du passé ne peuvent se négocier, par contre le pardon et la tolérance à une situation dont vous ne connaissez que l'ombre de sa réalité est à réfléchir. Si la colère ou la peur font partie de votre vie, ils ne sont que des mécanismes de défense utilisés par l'inconscient.

Souvent une peur camoufle un abandon, une déception, une frustration ou une nostalgie. Cette émotion représente le centre des difficultés familiales et sociales d'aujourd'hui. Chaque humain a besoin de mécanismes de défense pour survivre selon un vieux concept freudien.

Est-ce vraiment nécessaire d'assumer toutes les peurs?

Le cancer est une option sélective de la maladie d'Alzheimer
Le cancer est une maladie de destruction, de dérèglement cellulaire, de pouvoir et de cristallisation d'émotions. Le système immunitaire est impuissant devant les manifestations anarchiques de groupes cellulaires qui se modifient et grossissent pour devenir des tumeurs.

Je crois que la société vit le même processus, la violence, la corruption, la vengeance, la rancune désorganisent tous les noyaux sociaux. L'humanité est à la recherche d'un remède contre le cancer social miroir de l'humain avec ses difficultés de libération des mémoires du passé.

La maladie d'Alzheimer miroite la difficulté de l'humain à garder son équilibre dans le flot des souffrances émotionnelles. Il immobilise un processus inconscient de son esprit dans un dossier qui l'empêche de voir le bonheur des petites joies quotidiennes.

Créativité, enfant de l'imaginaire

La créativité allume les parties endormies du cerveau. Elle éduque les sens, augmente l'attention, développe l'intuition et affine l'esprit critique. Plusieurs chemins s'ouvrent pour enrichir une innovation personnelle tout en augmentant le potentiel de la mémoire. Cet éveil suscite une compréhension psychologique plus grande de soi-même et débouche sur des nouveautés surprenantes.

La littérature, la musique, la danse, le chant, la cuisine, le jardinage, la sculpture, la peinture, le bricolage proposent des recettes utiles pour la survie du cerveau.
Il s'agit seulement de trouver sa passion...

Nous avons l'âge de nos neurones et de notre mémoire. Cette dernière combine plusieurs éléments très complexes qui remplissent différentes fonctions. Le vieillissement la rend plus vulnérable aux carences nutritionnelles et aux modifications biochimiques.

Développer le langage écrit et oral encourage les cellules cérébrales à créer des logiques, des résumés et des évaluations pertinentes sur un sujet précis. Créer des actions continues chez les jeunes enfants, identifier des objets, des lieux, des aliments en composant des labyrinthes ou des jeux de groupe augmentent le développement visuel et intellectuel chez eux.

La créativité apporte un remède inusité aux fonctions cognitives du cerveau. La vie demeure un défi ou un duel jusqu'à la mort... L'humain doit choisir ce qu'il veut partager lors de ce passage terrestre ! Un travail artistique, peu importe celui choisi, est un processus de fécondation et de croissance.

Cinq étapes de créativité

1. D'une pensée émerge un désir

2. La conception jaillit d'une passion

3. La gestation manifeste sa mise en action

4. L'accouchement symbolise l'étape concrète de sa réalisation

5. La croissance évolue selon l'inspiration première

Rechercher, exprimer, différencier, élaborer, matérialiser sont des phases de développement de l'imaginaire qui oublie les difficultés du parcours. La création peu importe le domaine recherche la précision d'une réalisation au fil des idées et des formes que projette l'esprit.

L'imaginaire est une agence de voyage qui propose des aventures dans le domaine des arts et de l'intellect. Il peint des tableaux reflétant une description sémantique qui se concrétise au gré du temps et des suggestions du mental.

L'enfant imaginaire à l'intérieur de soi réalise une approche précise et subjective de formes, d'histoires ou de descriptions élaborées selon un projet.
Qu'il est heureux ce moment de plénitude où le rêve se confond à une réalité possible… L'imaginaire devient le passeport… Il se faufile de l'inconscient et convoite une place précise afin d'élaborer sa soif d'attente d'une réalité fictive.

Le plus grand obstacle de tout travail est la peur de l'échec ?

Combien d'œuvres de toutes sortes dorment dans les tiroirs, un roman inachevé, une peinture imprécise, une sculpture abandonnée ou un tricot en manque de matériel ?

L'imaginaire, l'inconscient, les rêves, les désirs, les projections dévoilent et conservent l'extravagant travail inachevé dans le présent du plus tard. Le mental préfère les divertissements faciles où la mémoire et le fictif demeurent en retrait.

La composition d'une création se mesure à l'engagement symbolique d'une plénitude intérieure. Son expression propose des formes, des couleurs, des mots, des notes qui annonce l'imagination d'une œuvre et la progression de son évolution.

- Ne pas oublier, que pour maintenir sa mémoire et sa concentration à un niveau optimum elles ont besoin d'entraînement, de volonté et de passion. Créer l'imaginaire enrichi un lien de tendresse avec soi. L'acceptation de cette réalité schématise le développement personnel tout en déployant une autre conscience de l'identité personnelle.

La créativité affilie les informations et les émotions associées à un projet. En développant sa passion, la mémorisation affiche de nouvelles données. La recherche, la lecture, les échanges sociaux sont des critères de base pour développer l'imaginaire.

La méditation suscite une excellente pratique de rester présent à la réalité. Elle permet d'annuler les questionnements, les projections, les objectifs et les pensées parasites.

Travailler et créer avec un grand écran mental imaginaire annule toutes les distractions et accorde une attention particulière à une activité. La performance transfert un potentiel énergétique plus grand en oubliant toutes les autres tâches à accomplir.

À quel âge devient-on vieux dans le regard de l'autre ? Où se cache les mémoires du futur, de la sagesse, de la sérénité ou de la vérité altruiste ?

Une perturbation mentale est-elle plus grave qu'un cancer, une fracture ou une simple infection ?

Toutes les facultés intellectuelles demeurent taboues car la médecine classique se sent impuissante. Un dilemme pour la chirurgie car elle ne peut retirer une partie du cerveau pour irradier un mal de vivre, d'oubli ou de détresse.

La médecine classique s'est tournée vers différentes drogues aux molécules expérimentales pour déjouer les plans du subconscient humain. Elle ne peut tuer complètement les virus ou les bactéries car le problème se trouve au cœur d'une matière grise qui ne livre qu'une partie de ses secrets.

L'imagerie par résonance magnétique peut indiquer une perte neuronale, une atrophie d'une zone spécifique du cerveau ou la relation avec une manifestation clinique. Ses examens sont essentiels quand un déficit intellectuel cause un problème existentiel de sécurité ou de survie.

Par contre, des indices silencieux et mystérieux n'obtiennent aucune réponse aux examens de la technologie moderne. L'esprit humain allume ou éteint ses propres lumières en masquant ses mémoires sous des émotions de révolte ou de soumission.

L'imagination dévoile les conflits, les révélations, les conséquences, les conclusions et suscite des guérisons offertes par l'art, l'écriture, la danse, la musique ou le chant.

Choisir de vivre l'impossible en libérant un chagrin prouve que le partage et la compassion adoucit les plus grands deuils.

Le succès et la performance s'acquièrent par la discipline, le respect, l'engagement et le temps. Le développement personnel est parsemé de victoires et de défaites.

Adopter les clés de la victoire

1. Apprendre à se connaître

2. Affronter ses mauvaises habitudes

3. Se méfier de ses attitudes émotionnelles négatives

4. S'engager à développer sa passion

5. Choisir une stratégie gagnante

La conscience déploie l'imagination pour créer. Elle organise, compose, dessine, sélectionne, oriente et copie la réalité, elle est la princesse des structures et des inventions. Chaque humain recherche un sens à sa vie, une harmonie qui dépasse les frontières du paraître et de la consommation.

L'inconscient propose de réaliser la stabilité de la conscience par une évolution émotionnelle, spirituelle et mentale. Chacun évolue de son individualité c'est à dire, avec une personnalité unique. L'évolution demande une adaptation, un lâcher-prise, une négociation avec la réalité des enjeux de la vie pour accepter le bonheur.

Quelle est la procédure du bonheur ?

Le bonheur est une attitude, un regard, une vision, une joie intérieure…Il transforme l'existence en une perception positive de tous les évènements. Il mesure la différence entre la résignation et la sagesse.

Combien de personnes parviennent-elles à tenir leurs résolutions de début d'année?

Une minorité atteigne leurs objectifs selon les statistiques. Pourquoi ?

Plusieurs causes entrent en jeu :

1. Les inattendus quotidiens

2. La perte de sa motivation

3. Une discipline difficile à respecter

4. Un conflit familial ou social

5. Une maladie ou une absence de soutien

La vie est courte. L'assurance de la traverser en harmonie exige un moment d'arrêt, d'identifier l'essentiel et d'agir pour le mieux.

La créativité est un processus d'amour avec soi-même. Que se soit la musique, la peinture, l'écriture ou toutes autres formes de créativité, l'imaginaire devient le partenaire inséparable pour acquérir une personnalité fluide et sans regret.

Philosophie Taoïsme

Le Yin et le Yang sont deux polarités ou deux règles essentielles de la philosophie taoïsme. De leur complémentarité s'échappe le mouvement, la liberté, le principe des ténèbres et celui de la lumière.

Quelques fondements d'harmonie du Yin et du Yang

- L'écoute
- La compréhension
- L'action
- La réaction
- L'intégration

La sagesse chinoise considère le yin et le yang comme deux critères unis qui sont rattachées à toutes les réalités de la vie et de l'univers. Cette notion d'unité est spécifique à l'opinion orientale qui suggère que toutes les dualités sont complémentaires.

L'enseignement de la doctrine du YIN YANG explique l'énergie centrale sous la conception d'une valeur « Chi ».

Le « Chi » est une mesure qui décrit l'énergie vitale de tout ce qui est vivant. La santé se manifeste par l'équilibre de cette énergie. De ce fait, la maladie n'est qu'une manifestation d'une disharmonie mentale ou émotionnelle.

L'origine du principe Yin et Yang est le résultat d'observations précises et explicatives. L'alternance du jour et de la nuit, les cycles des marées et du climat a permis de comprendre les phases cycliques du mouvement de la nature.

Ces deux principes se complètent et s'unissent dans chacune de nos actions, ils sont un couple qui façonne le mieux-être ou le désordre. La bipolarité existe dans la nature comme dans tous les êtres humains. Elle ouvre l'horizon à la description des maladies comme de la santé.

Les cinq éléments de la médecine chinoise sont la base des études en acupuncture. L'équilibre et l'harmonie de chacun permettent une organisation physique particulière en lien avec la résonnance de chacun des organes. Cette étude interprète le langage du corps et son alliance avec l'esprit.

La terre représente le principal repère de l'homme. Ce dernier n'est pas séparé de l'Univers, mais soumis à ses lois et aux influences des planètes et du soleil.
La notion de transformation est un cycle graduel qui bouge, s'alterne, change, se condense, se fusionne ou se modifie. Cette notion touche la conscience dans sa force d'évolution vers l'auto-conscience qui est la capacité d'observer et de modifier ses attitudes émotionnelles.

Les cinq éléments symbolisent l'énergie universelle qui a une répercussion sur la mémoire.

Ce qui important à comprendre dans ce chapitre est la dualité et la cohérence de chaque paradoxe que la vie permet d'expérimenter pour évoluer en conscience.

Le Tao différencie les émotions des sentiments

- Les sentiments sont des ressentis, un processus personnel d'étape d'un deuil ou d'une séparation. Il faut apprendre à les décortiquer, à les exprimer et à les reconnaître.

- Des sentiments refoulés dans l'inconscient symbolisent les émotions. Les émotions sont responsables des maladies car l'empreinte laissée par un sentiment ancien stresse l'organisme et déstabilise l'homéostasie cellulaire.

En résumé, le Tao est indéfinissable, il est un chemin, un passage ou une voie. Le Tao traduit le monde subtil, la mutation de chacun vers l'essentiel de lui-même. Libérer ses mémoires du passé est un principe de bonheur à accomplir chacun pour soi. Le Tao est une essence, une quête de vérité, une joie intense et une vérité fondamentale de la vie.

Recherches du docteur Edward Bach

Vers les années 1930, un médecin a investi sa vie à rechercher des remèdes pour guérir les attitudes affectives et destructives de ses clients. Persuadé que tous les conflits venaient de réactions émotionnelles, il a trouvé trente huit remèdes qui suscitent la capacité d'augmenter l'harmonie avec soi.

Selon le docteur Bach, chacun de nous, selon sa personnalité, voyage à sa façon au fil des expériences de la vie afin de se défaire des mémoires et des perceptions émotionnelles accumulées au cours des âges. Son observation de la souffrance humaine lui a permis de souligner sept tempéraments spécifiques :

1. Le tempérament de peur

2. Le tempérament d'incertitude et d'angoisse

3. Le tempérament du manque d'intérêt pour le présent

4. Le tempérament de solitude

5. Le tempérament d'excès de sensibilité aux influences et aux idées des autres

6. Le tempérament de découragement et de désespoir

7. Le tempérament d'excès de soucis pour le bien-être des autres

Le docteur Bach expose ses convictions de tous les jours, une mission personnelle, un travail d'équipe entre les mémoires cellulaires et les activités quotidiennes. Une attitude positive, sans domination et sans jugement devant les évènements, développe la confiance et l'estime de soi. Je considère que les qualités les plus difficiles à acquérir pour la majorité d'entre nous sont l'humilité et la compassion. Ces deux qualités demandent un renoncement au contrôle et au jugement envers les autres, qui sont très fréquents dans nos sociétés.

C'est par une observation précise que le docteur Bach a catégorisé les différents types de tempéraments de l'individu. Selon lui, la relation entre les sentiments, les perceptions et les émotions s'étudie en association avec les symptômes physiques et l'attitude du moment.

D'après le docteur Bach, les méthodes matérialistes actuelles ne viendront jamais à bout de la maladie pour la simple raison que son origine n'est pas matérielle. L'essence de la maladie est le résultat d'un conflit entre l'âme et le mental, et ne sera jamais extirpée sans un effort psychologique et spirituel.

L'attitude émotionnelle d'une personne face à un deuil ou un traumatisme laisse la perception d'un sentiment profond dépendant de sa détresse psychologique présente. La prévention et le mode de vie a une grande répercussion sur l'organisme.

Malgré toutes les théories, les résultats anatomiques, pathologiques et biochimiques des scientifiques, l'esprit humain demeure un mystère. La pensée, les émotions, les réactions sont des facteurs qui ont révélé une minime part de leur secret.

Les mémoires génétiques cachent des trésors d'informations, des lésions psychologiques et des plaques de surchargent émotionnelles impossible à déceler avec les appareils modernes.

La maladie d'Alzheimer est seulement un aspect concret d'un problème enfoui au fond de l'inconscient. La personne a oublié les détails et les empreintes qui ont affectés sa mémoire lors d'un drame ou d'une parole colérique entendue dans un moment de vulnérabilité.

- Selon le docteur Bach, la joie de vivre, l'humour et le bien-être sont des stimulants de premier ordre dans la lutte contre toutes les maladies.

La compréhension d'une relation entre l'émotionnel, les mémoires et les problèmes physiques s'appuie sur des concepts psychologiques précis et concret. Ainsi, j'introduis ici quelques définitions en rapport avec la pensée et l'évolution dynamique de l'esprit.

La *pensée* est une activité de conception d'idées issue du cerveau pour former des repères, des opinions, des objections et des suggestions. La pensée est un processus intelligent de l'être humain pour créer, se souvenir et prendre en considération l'évolution de sa réalité.

Finalement, elle transcrit un comportement, un mécanisme de protection, lors de diverses situations liées à une émotion troublante.

L'*émotion*, issue du mécanisme de protection mis en place par la pensée, se traduit par un changement d'attitude ou de disposition. Elle agit comme une puissance créatrice placée dans la pensée, ce qui peut encourager un malaise organique.

Un *mécanisme de protection* peut prendre différentes formes. Par exemple, l'oubli, qui atténue un traumatisme ou un chagrin ; la fuite dans le travail, le sport, l'alcool ou les drogues, qui indique une souffrance intérieure non exprimée.

Le cerveau veille… et lorsqu'un conflit intérieur émerge, une peur ou une remise en question se manifeste, ceci afin de sauvegarder l'intégralité de l'esprit. Tous les traumatismes physiques ou psychologiques laissent des traces dans l'ADN des cellules. Ainsi les maladies selon le docteur Bach sont la conséquence émotive d'un évènement, d'une perception ou d'un pressentiment qui surgit du passé ou du présent.

« **La gloire n'est pas de ne jamais tomber, mais de ses relever chaque fois que l'on tombe** »

Proverbe chinois

Remèdes floraux du docteur Edward Bach

L'action des remèdes floraux de Bach sur la personnalité et les mémoires procure un contentement intérieur. Comme la loi de l'attraction affirme qu'être heureux maintenant attire le meilleur pour le futur, il en va de même avec les remèdes floraux, qui favorisent la santé par la transformation des attitudes négatives en comportements positifs. C'est pourquoi un remède floral n'interfère pas avec un traitement médical, car il agit sur un autre plan.

Au contraire même, il lui apporte un élan d'espoir et de confiance. La mémoire cellulaire émotionnelle n'oublie jamais rien, elle enregistre chaque sentiment et le ressert à chaque événement similaire. En combinant deux ou trois élixirs adaptés à la situation du moment, l'obstacle émotionnel est compris selon une autre perspective, ce qui favorise un dénouement agréable. Ainsi, même si le souvenir de l'expérience demeure, ses désagréments se dissipent, ce qui amplifie l'équilibre et l'estime de soi.

Les élixirs floraux accélèrent le processus de guérison physique et psychique en douceur. Ils facilitent le repérage de la véritable cause d'une souffrance avec détachement et humour. C'est pourquoi leur usage est complémentaire à un traitement médical d'apaisement des symptômes physiques, en agissant sur un aspect plus subtil de la personnalité.

La thérapeutique des remèdes floraux échappe au domaine de la science actuelle. Le monde scientifique, tel qu'il est aujourd'hui, ne peut toujours pas expliquer leur action par des expériences en laboratoire.

Libérer les frustrations, les soucis, les pensées négatives, la tristesse, l'amertume, la culpabilité, la possessivité constitue un gros mandat pour une seule vie. Utiliser l'assistance des remèdes floraux supporte l'avancement sur cette voie de libération des mémoires du passé, en toute confiance.

Les élixirs floraux agissent sur le plan énergétique des cellules par le circuit de la sérotonine*, un neurotransmetteur qui donne au cerveau la capacité de se régénérer. L'équilibre énergétique retrouvé procure un état de bien-être. La sérotonine est l'hormone du plaisir ; si le cerveau en diminue la production, une dépression nerveuse s'ensuit.

Les antidépresseurs tels le Prozac et le Paxil, tout comme les drogues de rue, donnent l'illusion d'une guérison, d'un bien-être ou d'une stabilité de l'humeur. Mais une illusion ne guérit pas la souffrance, elle la camoufle momentanément. Dès que l'effet de la drogue cesse, la détresse revient, souvent exacerbée, en plus d'être accompagnée de nouveaux troubles apportés par une accoutumance chimique tenace dont les effets sont parfois pires que le mal qu'on voulait soigner.

Le chemin de la santé par la libération des mémoires du passé est une avenue d'évolution durable dans le respect de soi.

Les remèdes floraux de Bach travaillent sur les émotions qui sont responsables des souffrances physiques et psychologiques. Ces remèdes permettent de surmonter les obstacles par le développement du courage, de la tolérance, de la tranquillité d'esprit ou de la joie de vivre. Un ressassement des pensées, par exemple, engendre la mélancolie, la mélancolie enfante la peur, la peur introduit la frustration, la frustration crée la colère qui elle même produit une agitation intérieure perturbant l'équilibre homéostatique des cellules et la quiétude mentale.

Ces remèdes sont faciles d'emploie sans aucun effet secondaire et à un moindre coût. Le grand principe de base des élixirs floraux réside dans une vision unifiée du tout, exprimée par la pensée positive, le non-jugement et l'acceptation des différences des autres.

Le passé appartient au passé, en effacer les empreintes permet de vivre votre vraie passion sans culpabilité et sans masque.

Le docteur Bach a établi qu'un remède floral s'avérait un traitement simple, doté d'une énergie subtile agissant sur le tempérament de l'individu. Son intuition l'a conduit à schématiser l'impact des difficultés personnelles et familiales sur le plan émotionnel comme sur la santé physique.

La vie constitue un enseignement de haut niveau. Faites le choix de relever ce défi avec enthousiasme ! La plupart des gens se contentent de regarder passer le temps sans profiter des précieux enseignements qu'offre la vie de tous les jours. Ils s'enlisent dans les souvenirs du passé ou se projettent dans le futur en oubliant de vivre l'instant présent, le seul qui existe vraiment. Le futur se construit avec ce que nous semons aujourd'hui. Prendre conscience de cela motive à accomplir des actions concrètes créatrices de bien-être dès maintenant.

Le docteur Bach, par ses observations, a laissé des grilles d'interprétation d'indices que vous pouvez interpréter en analysant vos comportements ainsi que vos malaises, ceci afin d'accéder au meilleur de vous-mêmes. Alors, évitez de ruminer les déceptions, les doutes et les rejets, arrêtez les larmes de tristesse et refermez la porte des frustrations pour enfin aborder la vie avec légèreté et humour en oubliant la maladie d'Alzheimer...

- La sérotonine, un neurotransmetteur, ou messager chimique du système nerveux central. Cette molécule joue un rôle lors de désordres émotifs tels que les crises de panique ou d'angoisse, la dépression, les troubles obsessionnels, les phobies et les tendances suicidaires

77

Conclusion

Dans le tumulte de chaque jour, trouvez ce qui est important ! Le fil de la vie, année après année, se tisse d'expériences, de choix, d'options et de questionnements…

Se laisser envahir par les émotions ou les laisser en suspend apporte souffrance et désappointement. L'oublie devient la seule issue accompagnée d'un cortège d'attente et de rêves impossibles à réaliser pour celui qui démissionne de sa responsabilité personnelle.

La mémoire du temps représente la vitalité, les limites intellectuelles, les transformations, le développement du Yin autant que celui du Yang en nous.

Le travail sur le psychisme procure une qualité de résonance intérieure. S'accorder au diapason du présent comme si la mémoire n'était limitée qu'à une seule pensée. L'intensité d'une visualisation active les souvenirs anciens et augmente l'énergie globale, à la condition de ne pas se laisser piéger par les émotions.

Les neurones se nourrissent des souvenirs heureux. Quand les deuils assombrissent la vie, ses mémoires sont importantes pour garder l'équilibre psychologique. L'apathie, la perte de motivation d'une activité appréciée dénote une alarme qui justifie un intérêt particulier à consulter ou à partager avec une personne confiante.

Un état dépressif ou de déceptions graves installe une perte de communication entre les réseaux sociaux du cerveau qui produisent des idées suicidaires, de l'agressivité, de l'agitation ou des idées délirantes.

La santé est une auto-conscience. Elle procure la capacité d'observer l'intensité de sa vie. La santé invalide les mémoires anciennes mises en route dans l'esprit pour les détruire.

Vous croyez refléter le bonheur mais observez les critiques, les jugements, les commentaires et les observations négatives que vous émettez ?
Travailler sur ses émotions est un travail intense qui libère les nœuds psychologiques et les routines acquises au fil des générations. L'amour et la conscience procurent l'intelligence d'améliorer sa vie et celle des autres…
Profitez du présent, de l'instant que vous vivez, l'avenir veillera à son équilibre sans se submerger d'éventuelles possibilités.

> **« Organisez votre vie comme étant éternelle; vivez chaque jour comme si c'était le dernier ».**
> Auteur inconnu

Facteurs de réussite

- Discerner ce qui est primordial pour vous

- Sélectionner des objectifs qui englobent la totalité de votre vie (familiale, sociale)

- Décider ce que vous voulez ou attendez de la vie

- Développer l'enthousiasme et l'intérêt pour atteindre les meilleurs résultats

- Programmer le but précis de votre futur

La *motivation* est une force morale qui donne l'élan à l'action. C'est un état intérieur à développer et à dorloter afin d'éviter les pièges de l'incertitude. La motivation repose sur la passion et la joie d'entreprendre quelque chose que vous aimez. Elle exige un objectif clair, la volonté et la stabilité des émotions car c'est la motivation qui détermine toutes les possibilités.

La *gratitude* est un moyen d'applaudir les cadeaux de la vie. Un merci joyeux suscite un moment de bonheur. Chaque petit miracle occasionne son lot de joie avec l'opportunité de créer en augmentant sa volonté de trouver du temps pour accomplir quelque chose de nouveau.

Même si vous croyez ne pas avoir d'instant disponible, créez quelque chose, écrivez des histoires, imaginez une décoration nouvelle pour la maison, un jeu surprenant pour les enfants ou une marche un peu plus longue. Une habitude inattendue enjolive la monotonie quotidienne.

Sept facteurs importants pour activer sa joie de vivre

1. Transformer les aspirations en élan positif

2. Programmer le succès

3. Visionner l'abondance

4. Développer l'autonomie et l'indépendance

5. Augmenter les possibilités de créativités

6. Préciser un changement intéressant

7. Mémoriser une date, un numéro de téléphone ou autres informations chaque jour

Apprenez à être fier de vous, de vos talents, et de votre capacité à exprimer vos désirs et vos projets!

Libérer les mémoires émotionnelles est un défi ou un engagement à vouloir explorer la partie inconnue de soi cachée sous l'ombre des peurs... Oubliez la maladie d'Alzheimer, elle n'est qu'un diagnostic ou une observation de changement biologique!

Soyez présent de corps et d'esprit, là où la vie vous a placé et profitez de tous les avantages et enseignements qu'elle vous procure...

Soyez heureux et dites merci chaque jour à cette vie si merveilleuse malgré ses contradictions et ses oppositions...

« Le plus grand explorateur sur cette terre ne fait pas d'aussi longs voyages que celui qui descend au fond de son cœur »
Julien Green

Bibliographie

- Madeleine Turgeon, Découvrir la réflexologie, Les éditions de Mortagne, 222 p

- Dragon Qi Wave YouTube, Conférence dynamique énergétique

- Anne Dufour, docteur Jean-Marc Robin, Un cerveau en pleine forme, les éditions Marabout 2003, 176 p

- Docteur Michèle Micas, Alzheimer, Les éditions J.Lyon, 2008, 305 p

- Ingeborg Bosch Bonomo, Guérir les traces du passé, Les éditions de L'Homme 296 p

- Jean-Marc Dupuis « *Alternatif Bien-Être* », un journal de référence en santé naturelle

- Gérald Quitaud, Créer, se créer, la réalisation par l'expression picturale, Les éditions Jouvence 313 p

- Francine Dallaire, Donnez des ailes à votre âme, les éditions Québecor 182 p

- Nury Vittachi, Le Kama Sutra des affaires, Éditions Transcontinental 230 p

- Maitreyi D. Piontek, Le tao de la femme, Éditions Le Pré aux Clercs 257 p

- Lisa Love, La loi de l'attraction, Édimag 247 p

- Gizèle Anne Lespérance, La guérison des mémoires, Direct Livre 249 p

Sites internet

- http://fr.wikipedia.org/wiki/Dessin

- http://lecerveau.mcgill.ca/flash/i/i_04/i_04_cr/i_04_cr_peu/i_04_cr_peu.html

- http://www.journaldelascience.fr/sante/articles/carte-corporelle-nos-emotions-revelee-etude-3400

- http://www.passeportsante.net/

- http://fr.wikipedia.org/wiki/Ho%CA%BBoponopono

- http://www.institutdanone.org/objectif-nutrition/le-magnesium/dossier-le-magnesium/

- http://www.futura-sciences.com/magazines/high-tech/infos/actu/d/technologie-telephonie-mobile-cancer-etude-interphone-echoue-conclure-23778/

- https://www.youtube.com/watch?v=0l6TZXu9IW0

www.ingramcontent.com/pod-product-compliance
Lightning Source LLC
Chambersburg PA
CBHW031523270326
41930CB00006B/495